3495?

DES MARIAGES

CONTRACTÉS

EN PAYS ÉTRANGER.

Extrait de la *Revue Étrangère et Française*
de Législation , de Jurisprudence et d'Économie politique , 1841.

PARIS. — IMPRIMERIE DE FAIN ET THUNOT,
IMPRIMEURS DE L'UNIVERSITÉ ROYALE DE FRANCE
rue Racine, 28 près de l'Odéon

DES

MARIAGES

CONTRACTÉS

EN PAYS ÉTRANGER.

Tableau comparatif des dispositions législatives qui régissent
les principaux États de l'Europe, en ce qui concerne :

Les qualités et conditions requises pour pouvoir contracter mariage ;
Les formalités relatives à la célébration du mariage ;
La faculté ou la prohibition de contracter mariage en pays étranger ;
Les effets du mariage sur la religion des enfants, lorsque les époux
professent des cultes différents

PAR M. FOELIX,

Docteur en droit avocat à la Cour royale de Paris

PARIS.

JOUBERT, LIBRAIRE-ÉDITEUR,

RUE DES GRÈS, 14, PRÈS DE L'ÉCOLE DE DROIT.

1842.

Des mariages contractés en pays étranger.

———

Les difficultés aussi nombreuses que graves soulevées chaque jour à l'occasion des unions contractées par des Français en pays étranger, ou par des étrangers sur le territoire français, nous ont démontré qu'il y aurait quelque utilité à résumer les dispositions législatives et réglementaires existant en France sur la matière. Nous diviserons cet exposé en deux chapitres, dont le premier a pour objet les mariages contractés par des Français en pays étranger, le second, les mariages contractés en France par des étrangers. Dans la rédaction du second chapitre nous avons reconnu que nos études, limitées à la législation française, ne résoudraient qu'une partie de la question, et qu'il importait, pour offrir à nos lecteurs un travail de quelque ensemble et d'une utilité pratique, de réunir, dans un examen comparatif, toutes les prescriptions en vigueur dans les principaux états de l'Europe :

1º Sur les qualités et conditions requises pour pouvoir contracter mariage ;

2º Sur les formalités relatives à la célébration du mariage ;

En un mot, d'analyser toute la partie des législations étrangères correspondant aux articles 144-164, 63-76 et 165-171 du Code civil.

Cet examen comparatif se subdivisera en neuf paragraphes ; le § 1er aura pour objet l'âge requis pour contracter mariage ; — le § 2, les dispenses d'âge ; — le § 3, le consentement des parties ; — le § 4, la prohibition de

1

la bigamie ; — le § 5, le consentement des personnes autres que les contractants ; — le § 6, les prohibitions pour cause de parenté, alliance ou autrement ; — le § 7, les formalités qui doivent précéder et accompagner la célébration du mariage ; — le § 8, les mariages contractés par les regnicoles en pays étranger, ainsi que les mariages contractés par les étrangers sur le territoire de l'état ; — le § 9, les effets du mariage sur la religion des enfants lorsque les conjoints appartiennent à des cultes différents.

CHAPITRE PREMIER.

DU MARIAGE CONTRACTÉ PAR UN FRANÇAIS EN PAYS ÉTRANGER.

2. Le Code civil français contient des dispositions textuelles relatives au mariage contracté par un Français en pays étranger : ce sont les articles 170 et 171.

L'article 170 est ainsi conçu : « Le mariage contracté » en pays étranger entre Français et entre Français et » étrangers, sera valable s'il a été célébré dans les for- » mes usitées dans le pays, pourvu qu'il ait été précédé » des publications prescrites par l'article 63, au titre » des actes de l'état civil, et que le Français n'ait pas » contrevenu aux dispositions contenues au chapitre » précédent. »

Cet article, comme on voit, renferme trois disposi- tions, dont la première concerne la *forme*, les deux au- tres sont relatives au *fond*.

1° Le mariage est valable s'il a été célébré suivant les *formes* usitées dans le pays [1] : c'est une application du

---

[1] *V. infrà*, chap. II, § 7, l'indication des formalités relatives à la célébration du mariage, prescrites dans les principaux états de l'Europe.

principe que la forme des actes se règle par la loi du lieu où ils sont passés [1].

Le mariage de deux Français peut aussi, quant à la forme, être célébré à l'étranger par les agents diplomatiques ou par les consuls français (articles 47 et 48 du Code civil)[2]; il en est autrement du mariage entre un Français et un étranger, parce que ces agents ou consuls sont dépourvus de toute autorité sur les étrangers [3].

2° Le mariage doit, pour sa *validité intrinsèque*, être précédé des publications prescrites par l'article 63, c'est-à-dire, de deux publications faites, en France, par l'officier de l'état civil, à huit jours d'intervalle, un jour de dimanche, devant la porte de la maison commune. La maison commune dont parle l'article 63, est celle du domicile que le Français, futur époux, a en France depuis au moins six mois (art. 166, 167 et 74): dans le cas où ce Français est, relativement au mariage, sous la puissance d'autrui (art. 148, 152, 153 et 158), les publications devront encore être faites devant la porte de la maison commune du domicile des personnes sous la puissance desquelles il se trouve.

Du reste, le Français qui a conservé un domicile en France, et qui se propose de contracter mariage à l'étranger, doit faire procéder aux publications dans ledit domicile, bien qu'il demeure à l'étranger depuis

---

[1] *V*. la *Revue étrangère et française*, t. VII, p. 346. Arrêt de la cour de cassation (rejet), du 16 juin 1829 (Sirey, 1829, I, 261)

[2] Ordonnance royale du 23 octobre 1833, art. 14-18.

[3] M. Duranton, Cours de droit français, t. II, nos 234 et 235. Arrêt de la cour de cassation, du 10 août 1819 (Sirey, 1819, I, 492). Jugement du tribunal de la Seine, du 30 décembre 1837 (*Gazette des tribunaux* du 31).

plus de six mois ; l'article 167 du Code civil ne parle que du cas d'un changement de domicile *en France* [1].

En ce qui concerne la détermination du domicile des Français , il y a lieu de suivre les règles que nous avons exposées ailleurs [2].

3° Il faut , et ceci concerne encore la *validité intrinsèque* du mariage, que le Français n'ait point contrevenu aux dispositions du chapitre Ier du titre du mariage du Code civil (art. 144 à 164), c'est-à-dire qu'il ait l'âge requis de 18 ou 15 ans, qu'il ait donné son consentement, qu'il ne se trouve point dans les liens d'un mariage précédent, qu'il ait obtenu le consentement de ses ascendants ou du conseil de famille , et qu'il ne se trouve point parent ou allié du futur conjoint à un degré prohibé.

Les dispositions indiquées sous les n°s 2 et 3 ne sont qu'une application du dernier alinéa de l'article 3 du Code civil, ainsi conçu : « Les lois concernant l'état et la » capacité de la personne régissent les Français , même » résidant en pays étranger [3]. »

3. La question de la nullité des mariages contractés en pays étranger entre Français ou entre Français et étrangers, pour contravention à l'une ou l'autre des dispositions mentionnées aux n°s 2 et 3 ci-dessus, s'est présentée plusieurs fois devant les tribunaux , et elle n'a pas été jugée d'une manière uniforme [4].

---

[1] Procès-verbaux du conseil d'état, séance du 4 vendémiaire an X (Locré, Législation civile de la France, t. IV, p. 350). Delvincourt, Cours de Code civil, t. I, p. 72, et les notes, p. 138, n° 4. Toullier, Droit civil français, t. I, p. 578. M. Duranton, n° 277.

[2] *V.* la *Revue étrangère et française*, t. VII, p. 201.

[3] *V.* la *Revue*, t. VII, p. 100 et suiv.

[4] *V.* en faveur de la validité des mariages, les arrêts de la cour

On s'est fondé sur la généralité des termes de l'article
170, pour soutenir que le mariage contracté en pays
étranger est nul *dans tous les cas* où il n'a pas été précédé des publications prescrites par le Code ; qu'il est nul
dans *tous les cas* où il a été contrevenu à l'une ou à
l'autre des dispositions du chapitre 1ᵉʳ du titre du mariage , sans distinguer si l'inobservation des prescriptions dont il s'agit entraîne ou non la nullité des mariages contractés en France.

Cette doctrine nous semble erronée , et nous pensons
que les mariages contractés par des Français en pays
étranger ne doivent être annulés que dans les cas où l'on
pourrait les arguer d'une nullité prononcée par la loi ,
même en les supposant contractés en France.

4. Suivant nous, l'article 170 n'a eu pour but que de
rappeler, à l'égard des mariages de Français contractés à
l'étranger, l'application des deux principes fondamen-
taux que nous avons mentionnés ci-dessus : le premier,

royale de Paris , du 8 juill. 1820, 16 juill. 1839 et 28 juin 1841 ; de
la cour royale de Colmar, du 25 janvier 1823 ; de la cour royale de
Nancy, du 30 mai 1826 ; de la cour de cassation, des 12 fév. 1833 et
10 mars 1841 (rejet) ; enfin, les jugements du tribunal de la Seine,
du 16 déc. 1836 et du 3 avril 1840 (Sirey , 1820, II, 307 ; 1824 , II ,
156 ; 1826, II, 251 ; 1833, I, 195. Dalloz, 1839 , II, 274. *Gazette des
tribunaux*, des 17 et 18 déc. 1836, 4 avril 1840, 12 mars, 16 avril et 28-
29 juin 1841). *Contrà V*. les arrêts suivants : cour royale de Paris,
10 déc. 1827, 30 mai et 4 juillet 1829 et 13 avril 1840 ; cour royale
d'Angers, 12 janvier 1838 ; cour royale de Montpellier, 15 janvier
1839 ; cour de cassation, 8 novembre 1824 , 9 mars 1831 et 6 mars
1837 ; jugements du tribunal de la Seine , des 4 juillet 1837 et 31
janvier 1840 (Sirey , 1824, I, 428 ; 1829, II, 178 et 179 ; 1831, I, 142 ;
1837, I, 177 ; 1839, II, 246. Dalloz, 1839, II, 135 et 164. *Gazette des
tribunaux* des 10 mars et 5 juillet 1837 , 1ᵉʳ février, 13 et 14 avril
1840).

que la forme des actes est réglée par la loi du lieu où ils ont été passés ; le second, que les lois concernant l'état et la capacité des personnes régissent les Français même résidant en pays étranger.

A l'appui de ce système, nous invoquons à la fois le texte et l'esprit de l'article 170.

Le texte ne va pas au delà d'un rappel du principe général concernant la forme des actes et des autres dispositions du Code concernant le mariage. Les termes employés par le législateur, bien que très-généraux, n'indiquent point son intention de déclarer nuls les mariages contractés par des Français à l'étranger, hors les cas où il a prononcé la nullité des mariages contractés en France. En renvoyant à l'article 63 et au chapitre 1er du titre du mariage, le législateur n'a déclaré applicables ces dispositions que telles qu'elles existent pour les mariages contractés en France : il leur a laissé la même teneur qu'elles ont à l'égard de ces derniers ; il n'a rien ajouté à leurs dispositions. D'ailleurs, le dernier paragraphe de l'article 3 du Code a repoussé à l'avance toute distinction à cet égard, en posant le principe général que, quant à son état et sa capacité, le Français résidant à l'étranger est régi par les mêmes lois auxquelles il est soumis en France : et le titre du mariage rentre incontestablement dans la classe des lois concernant l'état des personnes. Si les auteurs du Code avaient eu l'intention d'établir dans l'article 170 une exception à la règle posée en l'article 3, certes ils n'auraient pas négligé de s'expliquer à ce sujet ; mais, dans le silence du texte, il faut admettre que telle n'a pas été l'intention du législateur, et il faut s'en tenir à l'axiome que les nullités doivent être prononcées textuellement et ne peuvent pas être établies par induction

Du reste, rien n'empêche les juges français de prononcer les nullités et amendes établies par le Code comme garantie de l'observation des règles et solennités prescrites, que le mariage ait été contracté en France ou à l'étranger. Il existe seulement cette différence que, dans ce dernier cas, il y a impossibilité d'appliquer l'amende contre l'officier de l'état civil qui n'est pas soumis à la juridiction française; mais cette circonstance ne saurait pas entraîner de plein droit une modification de la loi, et transformer la disposition qui prononce une amende contre l'officier de l'état civil, en une disposition qui déclare nul le mariage entre les parties. Peut-être lors d'une révision du Code et lorsqu'il s'agira *de nova lege condenda*, le législateur trouvera convenable d'introduire cette modification ; mais en attendant il est certain que les rédacteurs du Code n'ont pas établi la peine de nullité du mariage dans le cas où l'officier de l'état civil qui y a procédé ne réside pas en France et ne peut pas être atteint des pénalités établies aux articles 192 et 193 du Code ; et par suite, les juges ne peuvent pas prononcer cette nullité. La doctrine contraire aurait pour conséquence d'établir en principe que l'auteur d'une contravention, par le fait duquel son complice échappe à la punition, pourrait, outre la peine légale comminée contre lui-même, être frappé par le juge d'une peine extraordinaire non prononcée par la loi !

Néanmoins, la doctrine que nous repoussons a été sanctionnée par l'arrêt de la cour de cassation du 6 mars 1837 et par celui de la cour royale d'Angers du 12 janvier 1838. Nous rapporterons *infrà*, n° 7, en examinant les questions de détail, le texte du premier de ces arrêts, dont le second n'est que la reproduction.

5. Un second argument en faveur de la prétendue nullité des mariages contractés à l'étranger, pour inobservation d'une règle ou formalité *quelconque* établie par le Code, consiste à dire : le texte de l'article 170 déclare *valable* le mariage contracté à l'étranger « *pourvu* » *que* certaines publications aient eu lieu en France, et » que le Français n'ait point contrevenu aux disposi- » tions contenues au chapitre Ier. » Évidemment, les mots *pourvu que*... indiquent une condition irritante : donc, l'article 170 déclare *non valables* ou *nuls* les mariages qui seraient faits sans ces publications et sans l'observation de toutes les dispositions contenues au chapitre Ier [1].

Nous répondons avec feu Merlin [2], que les termes cités de l'article 170 sont évidemment synonymes de ceux-ci : « Il *est des cas* où le défaut de publications ou d'actes » respectueux peut influer sur l'annulation du mariage » pour cause de clandestinité ;... » ou, comme s'exprime l'arrêt de la cour d'appel de Bruxelles, du 28 juillet 1828, rapporté par Merlin : Que « les conditions que cet ar- » ticle impose au moyen des mots *pourvu que*, sont » aussi relatives et s'appliquent aussi à la contraven- » tion aux dispositions que renferme le chapitre Ier, » sous lequel se trouvent, non-seulement des disposi- » tions dont l'inobservation entraîne la nullité absolue » et irréparable du mariage, mais aussi des dispositions » dont l'inobservation peut non-seulement se réparer

---

[1] Arrêts de la cour royale de Paris, des 10 décembre 1827, 30 mai et 4 juillet 1839, déjà cités.

[2] Répert., v° Bans de mariage, n° 2 Questions de droit, v° Publication de mariage, § 2. *V.* aussi les observations de M. Sirey, à la suite de l'arrêt de la cour de cassation du 9 mars 1831

» mais vient même à disparaître par le seul laps de
» temps ; que, par conséquent, on ne peut induire du
» contenu littéral de l'article 170, que toute contraven-
» tion indistinctement à l'une des dispositions du cha-
» pitre Ier emporte nécessairement et *per se,* une nullité
» absolue.... » En un mot, nous dirons que le texte de
l'article 170, entendu sainement et sans préoccupation,
n'indique autre chose, sinon que les dispositions du Code
relatives aux mariages contractés en France sont également applicables aux mariages contractés par les Français à l'étranger[1]. Nous ajouterons que l'argument *à
contrario sensu* n'est qu'une source d'erreurs[2], et nous
rappellerons qu'en thèse générale, les nullités ne peuvent être créées par induction.

6. Si du texte nous passons à l'esprit de la loi, nous
voyons qu'il n'y avait, pour les auteurs du Code, aucun
motif de s'écarter, dans l'article concernant les mariages
contractés à l'étranger, des dispositions du même titre
relatives aux mariages en général, et d'établir une distinction entre le mariage du regnicole dans le royaume
et entre le mariage d'un Français en pays étranger.

Il résulte de la discussion de l'article 170 au conseil
d'état[3] que cet article n'a d'autre but que d'assurer :
1º la comparution des parties devant un officier chargé
de constater l'état civil dans le lieu de la résidence de
l'une des parties, et, surtout, 2º l'observation des dispositions fondamentales consignées dans le chapitre Ier. En

---

[1] Toullier, t. I. nº 578.
[2] Merlin, Répert., vº Argument *à contrario sensu.* Aussi la cour
de cassation, dans les arrêts rendus sur l'application de l'article 170,
n'a jamais fait valoir l'argument indiqué ci-dessus
[3] Locré. t. IV, p 349, 350. 351 et 352.

particulier (et c'est une observation sur laquelle nous reviendrons ci-après), l'omission des publications en France n'a pas été regardée comme annulant le mariage ; la formalité des publications a été établie uniquement pour empêcher les contraventions aux dispositions du chapitre 1er.

Les législateurs de tous les pays ont admis une différence entre les conditions prescrites pour contracter mariage : les unes sont regardées comme essentielles, les autres sont seulement des précautions salutaires ; l'omission des premières entraîne la nullité du mariage, celle des autres n'a pas le même effet. Le Code civil a établi un système complet à ce sujet. Y a-t-il des raisons résultant de l'esprit de la loi qui puissent autoriser le juge à s'écarter du système du Code, lorsqu'il s'agit d'un mariage contracté à l'étranger ? Telle est la question à examiner.

Nous n'avons pu trouver aucune raison en faveur de l'affirmative. Aussi aucun des arrêts qui ont prononcé la nullité des mariages contractés à l'étranger (hors le cas du défaut de publicité où nous partageons la même opinion) n'a allégué un motif déduit de l'*esprit de la loi ;* tous se sont bornés à l'un ou l'autre des deux arguments que nous croyons avoir réfutés en parlant du *texte* de l'article 170. En conséquence, nous soutenons que l'esprit de la loi n'autorise point la distinction qu'on a prétendu établir : que les mariages contractés par les Français à l'étranger, suivant les formes usitées dans le pays, sont régis par les mêmes dispositions du Code civil qui régissent les mariages célébrés en France, et que ces mariages ne peuvent être déclarés nuls hors les cas où la nullité a été établie par les dispositions du Code.

7. Ainsi, le mariage contracté à l'étranger entre un

beau - frère et une belle-sœur français, avant la loi qui autorise ces unions, ou sans les dispenses prescrites par cette loi, est nul et sans effet [1].

D'un autre côté, le mariage contracté par un Français en pays étranger, sans avoir été précédé, en France, des publications prescrites, n'est pas nul *dans tous les cas* [2]; il peut être attaqué dans les termes de l'article 191, comme n'ayant pas été *contracté publiquement* [3]; le texte de cet article, en se dispensant de prononcer expressément la nullité pour contravention aux articles 63, 166 et 167 [4], laisse au juge toute latitude d'examiner les faits et de déclarer, en conséquence, qu'il y a eu ou non publicité, et de prononcer, par suite, la validité ou la nullité du mariage [5]. Nous avons vu, au n° 6, que, dans la discussion du Code au conseil d'état, l'omission des publications en France n'a pas été regardée comme emportant la nullité du mariage : cette formalité n'a été prescrite qu'à l'effet d'empêcher les contraven-

---

[1] *V.* l'arrêt de la cour de cassation, du 8 novembre 1824, cité plus haut, et la *Gazette des tribunaux*, des 4 et 11 août 1839.

[2] Toullier, t. 1, n° 578. Merlin, Répert., v° Mariage, sect. 6, § 2, deuxième question sur l'article 191. Arrêts de la cour de cassation du 10 mars 1841, et de la cour royale de Paris, du 28 juin 1841, déjà cités.

[3] Ainsi jugé également en Belgique, par arrêt de cassation du 28 juin 1830, et par arrêts de la cour d'appel de Brux., des 18 juil. 1828 et 27 juin 1831. Table générale de la jurisprudence belge, v° Mariage, n°s 8, 9 et 10. — *V.* dans le même sens, deux arrêts de la cour d'appel de Cologne, du 20 juin 1821 et du 3 février 1814. Archives des provinces rhénanes de la Prusse, t. III, p. 99; t. VI, p. 161.

[4] *V.* ci-après, la disposition finale de la circulaire de M. le garde des sceaux, en date du 4 mars 1831.

[5] M. Duranton, t. II, n° 238. La cour de cassation s'est prononcée dans le même sens par l'arrêt déjà cité, du 9 mars 1831. L'arrêt de

tions aux dispositions du chapitre Ier. Lors donc que le défaut de publications ne concourt point avec une infraction aux dispositions du chapitre Ier, le mariage est valable [1] ; et, par contre, le mariage serait nul, s'il était constaté qu'il n'a été célébré en pays étranger que pour échapper aux prohibitions établies dans le royaume [2].

De même, le mariage contracté à l'étranger par un Français mineur de vingt-cinq ans, ou par une Française mineure de vingt et un ans accomplis (art. 148, 159 et 160), sans le consentement des ascendants ou du conseil de famille, pourra être annulé aux termes de l'article 182 ; mais le défaut d'actes respectueux n'entraînera pas la nullité [3], pas plus qu'il ne le pourrait faire à l'égard d'un mariage contracté en France [4]. Les prescriptions des articles 151, 152 et 153 ne font qu'exiger un acte de déférence capable d'amener un rapprochement entre les ascendants et l'enfant [5]; le législateur n'a pas attaché la peine de nullité à l'omission de cet acte ; et, comme nous l'avons déjà fait remarquer, le texte de l'article 170, sainement entendu, ne saurait, par le renvoi qu'il fait aux dispositions du cha-

---

la cour royale de Montpellier, du 15 janvier 1839, paraît avoir, en partie, adopté la même doctrine.

[1] Questions de droit, v° l'ublication de mariage, § 2.

[2] Arrêt de la cour d'appel de Bruxelles, du 18 juin 1818. Table générale, v° Mariage, n° 6.

[3] Arrêt de la cour de cassation, du 12 février 1833, déjà cité. L'arrêt de la même cour, du 6 mars 1837, s'est prononcé pour la nullité.

[4] Favard, Répert., v° Actes respectueux, n° 8. M. Duranton, t. II, n°s 104 et 113.

[5] Bigot Préameneu. Exposé des motifs du titre du mariage. Locré, t. IV, p 585 et suiv.

pitre Ier, avoir le sens d'étendre la nullité aux cas prévus par les articles 151, 152 et 153.

Nous partageons l'opinion de Merlin[1] et de la *Gazette des tribunaux*[2], d'après laquelle l'omission des actes respectueux peut former un adminicule ou élément de la preuve de la clandestinité du mariage; mais nous contestons la doctrine admise par l'arrêt de la cour de cassation du 6 mars 1837, d'après laquelle, en thèse générale, le mariage d'un Français, contracté à l'étranger, serait nul à défaut de publications en France, ou pour omission des actes respectueux. Voici le texte de cet arrêt :

« Attendu que l'on ne peut pas interpréter l'article » 170 du Code civil, sur les mariages contractés à l'étran- » ger, par les dispositions du même Code relatives aux » mariages célébrés en France; que, si ces derniers peu- » vent être déclarés valables, lorsqu'il n'y a eu ni pu- » blications, ni actes respectueux, c'est parce que la loi » trouve sa sanction dans les peines qu'elle prononce » contre les officiers de l'état civil qui auraient procédé » à la célébration ; tandis que , pour les mariages con- » tractés à l'étranger, comme les mêmes dispositions » pénales ne pourraient atteindre les officiers publics , » la loi n'avait d'autre moyen de donner une sanction à » ses prescriptions, qu'en frappant le mariage lui-même » d'invalidité ; que, s'il en était autrement, il suffirait à » des Français de passer à l'étranger pour affranchir » leur mariage de toutes les conditions imposées par les

---

[1] Répert., v° Bans de mariage, n° 2 (additions à la 4e édition, t. XVI, p. 110).

[2] Numéro du 16 avril 1841; exposé qui précède l'arrêt du 10 mars 1841

» lois françaises, et pour, en s'abstenant des publica-
» tions et des actes respectueux exigés, se soustraire,
» soit aux oppositions des tiers, soit à l'autorité de la
» puissance paternelle. »

Les deux motifs de cet arrêt, l'impossibilité d'atteindre l'officier de l'état civil, et la possibilité d'affranchir le mariage des conditions imposées par la loi, ne
nous semblent pas fondés. Nous nous sommes déjà ex-
pliqué sur le premier de ces motifs, qui pourrait ve-
nir en considération s'il s'agissait *de lege condenda*, de
modifier la rédaction de l'article 170. Le second va ou-
vertement trop loin; car nous ne prétendons pas qu'en
contractant mariage à l'étranger, le Français puisse se
soustraire arbitrairement aux oppositions des tiers, ou à
l'autorité paternelle, en omettant les publications prescrites par l'article 63, ou les actes respectueux. Nous
avons déjà fait mention du pouvoir appartenant aux
tribunaux de prononcer la nullité du mariage pour défaut de publicité : et, quant aux actes respectueux, certes
les rédacteurs du Code n'en ont pas regardé l'omission
comme une atteinte à l'autorité paternelle, puisqu'ils
n'y ont pas attaché la peine de nullité, laquelle a été
limitée au cas où la loi requiert le *consentement* des
père et mère. Du reste, en ce qui concerne les publications en France, la cour de cassation est déjà revenue
sur l'arrêt de 1837, par celui du 10 mars 1841, déjà
cité.

8. Du principe que les mariages contractés par des
Français à l'étranger sont soumis aux dispositions du
Code civil qui régissent les mariages célébrés en
France, il résulte que les fins de non-recevoir établies
par le Code civil contre l'action en nullité d'un mariage
contracté en France, sont également applicables, lors-

qu'il s'agit d'un mariage contracté par un Français en pays étranger ; ainsi le défendeur à l'action en nullité peut invoquer les dispositions des articles 183 et 185 du Code [1], l'approbation donnée par les ascendants, la possession d'état pendant une longue suite d'années, l'existence d'un ou de plusieurs enfants [2], etc.

9. Aux termes de l'article 171 du Code, l'acte de célébration du mariage contracté en pays étranger sera transcrit sur le registre public des mariages du lieu du domicile de l'époux français, dans les trois mois après son retour dans le royaume ; mais le législateur n'a pas attaché la peine de nullité à l'omission de cette formalité ou à l'inobservation du délai prescrit [3], et cha-

---

[1] Arrêt de la cour de cassation, du 5 novembre 1839 ; arrêt de la cour royale de Rennes, du 6 juillet 1840, et jugement du tribunal de la Seine, du 3 avril 1840. (Dalloz, 1839, I, 369 ; Sirey, 1839, I, 822 ; 1840, II, 397 ; *Gazette des tribunaux*, des 16 novembre 1839 et 4 avril 1840). Ainsi jugé en Belgique par arrêt de cassation du 28 juin 1830, et par les arrêts de la cour d'appel de Bruxelles, du 28 juillet 1828 et du 28 juin 1830. Table générale, v° Mariage, n°s 8 et 9.

[2] Arrêts de la cour de cassation, des 12 février 1833 et 25 février 1839 ; arrêts de la cour royale de Paris, des 13 juin 1836 et 16 juillet 1839 ; jugement du tribunal de Fontenay, du 14 juin 1834 (Sirey, 1833, I, 195 ; 1836, II, 297 ; 1839, I, 187. Dalloz, 1839, I, 114 : II, 274. *Gazette des tribunaux*, des 29 juin 1837 et 4 mars 1839). Arrêt de la cour d'appel de Bruxelles, du 27 juin 1831 (à l'endroit cité, n° 10). Arrêt de la cour d'appel de Cologne, du 20 juin 1821 (Archives, t. III, p. 99). — *V*. en sens contraire, l'arrêt de la cour royale de Montpellier, du 15 janvier 1839 (Sirey, 1839, II, 246).

[3] Arrêt de la cour royale de Rouen, du 11 juillet 1827 ; arrêts de la cour de cassation, des 16 juin 1829 et 2 février 1833 (Sirey, 1828, II, 106 ; 1829, I, 261 ; 1833, I, 195).

cune des parties peut réclamer le titre d'époux et les effets civils du mariage avant la transcription de l'acte [1].

CHAPITRE II.

DES MARIAGES CONTRACTÉS EN FRANCE PAR DES ÉTRANGERS

10. Le Code civil ni aucune autre loi ne contient des dispositions relatives aux mariages contractés, en France, entre étrangers, ou entre Français et étrangers. La question de la validité de ces mariages est abandonnée aux principes généraux du droit.

Ainsi ils dépendent, quant à la forme, des lois françaises [2].

Quant à la validité intrinsèque, et pour ce qui concerne le futur conjoint étranger, il faut appliquer les lois du pays de son domicile, en tout ce qui est relatif à l'état et à la capacité de sa personne [3].

Ainsi, pour ne citer que quelques exemples, lorsque la loi de Wurtemberg [4] déclare les sujets incapables de se marier, avant d'avoir atteint l'âge de vingt-cinq ans accomplis, le mariage d'un Wurtembergeois contracté en France sera nul, nonobstant l'article 144 du Code civil, qui permet le mariage depuis dix-huit ou quinze ans accomplis.

---

[1] M. Troplong, des Hypothèques, t. II, n° 513. Arrêt de la cour de cassation, du 23 novembre 1840 (Sirey, 1840, I, 929. Dalloz, 1841, I, 15). Ainsi décidé en Belgique, par arrêt de cassation du 28 juin 1830, et par arrêts de la cour d'appel de Bruxelles, des 13 mai 1828 et 27 juin 1831. Table générale, v° mariage, n°s 7, 9 et 10. — M. Duranton, t. XX, n° 21, professe l'opinion contraire.

[2] V. la Revue étrangère, t. VII, p. 346.

[3] Ibid., t. VII, p. 204.

[4] V. infrà, § 1, v° Wurtemberg

De même, la loi du royaume de Bavière, en date du 12 juillet 1818, et celle du royaume de Wurtemberg du 4 septembre même année, qui défendent aux sujets, à peine de nullité, de se marier à l'étranger sans permission du gouvernement [1], entraîneront la nullité du mariage contracté en France par des Bavarois ou des Wurtembergeois qui n'auront pas obtenu, au préalable, cette permission.

11. Il résulte des différences qui existent entre les lois de la France et celles des autres pays de l'Europe, que le Français qui se marie en France avec un étranger s'expose à voir annuler ce mariage par des causes exprimées dans une loi dont il ignore les dispositions. C'est dans le but d'éviter aux regnicoles le préjudice dont ils sont ainsi menacés, que M. le garde des sceaux, ministre de la justice, a adressé, le 4 mars 1831, aux procureurs généraux près les cours royales, une circulaire ainsi conçue [2] :

« Dans plusieurs états limitrophes ou voisins de la
» France, la loi défend aux regnicoles de se marier en
» pays étranger sans l'autorisation du gouvernement,
» sous peine de la nullité de leur mariage. Il résulte de
» là que les habitants de ces pays, attirés en France par
» l'activité de l'industrie ou par la richesse du sol, y ont
» épousé des Françaises sans avoir obtenu cette autori-
» sation. S'ils veulent ensuite retourner dans leur pa-
» trie, leurs femmes et leurs enfants s'en voient repous-
» sés comme illégitimes. Un tel état de choses impose
» au gouvernement français le devoir de recourir à

---

[1] *V. infrà*, § 8, *v⁰ˢ* Bavière et Wurtemberg.

[2] Nous expliquerons par la suite, au § 7, *v⁰* Bade, les circonstances qui ont donné occasion à cette circulaire.

» quelques précautions propres à assurer la validité de
» ces mariages contractés de bonne foi par des femmes
» qui, après l'accomplissement de toutes les formalités
» requises par les lois françaises, ont dû compter sur la
» protection de ces lois. Le moyen le plus efficace me
» paraît être d'exiger de tout étranger, *non naturalisé*,
» qui voudra désormais se marier en France, la justifi-
» cation, par un certificat des autorités du lieu de sa
» naissance ou de son dernier domicile dans sa patrie,
» qu'il est apte, d'après les lois qui la régissent, à con-
» tracter mariage avec la personne qu'il se propose
» d'épouser. En cas de contestation, les tribunaux
» compétents seront appelés à statuer [1]. »

12. Cette circulaire, on le conçoit, n'est qu'un conseil
donné aux officiers de l'état civil, à l'effet de se garantir
eux-mêmes, ainsi que leurs administrés français, contre
toute responsabilité ou contre toute action en nullité du
mariage.

L'intention qui a présidé à la rédaction de cette circulaire, ne saurait être l'objet d'une critique ; mais les
résultats sont loin d'avoir répondu au but que se pro-
posait M. le garde des sceaux ; et sa circulaire, en sus-
citant de nombreuses difficultés, a été fréquemment un
obstacle à des unions qui réunissaient d'ailleurs toutes
les conditions légales. Plusieurs fois les autorités étrangères ont refusé de délivrer les certificats dont il s'agit,

---

[1] Cette circulaire a été imprimée dans le Sirey, 1836, II, 342;
dans Dalloz, 1839, III, 60; dans le *Journal des notaires et des
avocats*, t. XLIX, p. 46; et dans le *Mémorial du notariat et de
l'enregistrement*, t. X (1835), p. 220.—Elle a été précédée d'une ordonnance du roi de Bavière, en date du 1er novembre 1830, rendue
dans le même sens. *V*. ci-après, § 8, v° Bavière rhénane

en alléguant que les lois de leur pays ne les y autorisaient pas ; d'ailleurs, quelle certitude peut résulter, relativement à une question de droit, du certificat d'une autorité étrangère qui exerce des fonctions analogues à celles du maire en France ? Dans quelques pays étrangers, cette circulaire a donné lieu à des représailles : l'officier de l'état civil y a exigé du Français qui voulait contracter mariage, un certificat analogue à celui que requiert la circulaire ; et comme aucune autorité française ne se croit obligée ni autorisée à délivrer un semblable certificat, le futur époux français ne pouvait qu'avec les plus grands efforts convaincre les autorités étrangères qu'il possédait réellement les qualités et conditions nécessaires pour contracter mariage. Dans cet état de choses, il nous semblerait préférable de laisser tomber en désuétude la circulaire du 4 mars 1831, et d'abandonner, comme dans les autres cas où un Français se propose de contracter avec un étranger, à chacune des parties le soin de s'éclairer sur la capacité de l'autre.

L'étude des législations étrangères, par les jurisconsultes français, sera le meilleur moyen de prévenir les incertitudes et les inconvénients en cette matière ; et, si l'officier de l'état civil ne se trouve pas suffisamment éclairé par les explications du futur époux étranger, celui-ci devra faire assigner ce fonctionnaire devant le tribunal, qui statuera selon les circonstances de chaque espèce.

13. Quelques fonctionnaires français ont cru pouvoir écarter les difficultés que l'exécution de la circulaire a fait naître, en donnant à cette instruction ministérielle une interprétation que nous ne saurions approuver. Voici ce que porte une lettre de M. le procureur du roi près le tribunal de la Seine, à un maire du département,

en date du 7 juillet 1835 [1] : « S'il y avait impossibilité
» d'obtenir le certificat d'aptitude prescrit par les in-
» structions, parce que l'autorité du lieu de la naissance
» ou du dernier domicile du futur époux en pays étran-
» ger refuserait de délivrer une attestation de cette na-
» ture, on pourrait y suppléer par un acte de notoriété
» sous la forme indiquée dans l'article 70 du Code civil.
» Cet acte devrait être soumis à l'homologation prévue
» par l'article 72, s'il contenait en même temps l'attesta-
» tion de l'impossibilité où la future se trouverait de se
» procurer son acte de naissance. »

Évidemment, c'est appliquer à une question de
droit une disposition de loi qui n'a été conçue
que pour constater un fait. En effet, la question
de la capacité d'un étranger de contracter mariage
est une question de droit qui ne saurait se résoudre
que par la connaissance des lois du lieu de son domicile.
L'acte de notoriété dont parle l'article 70 n'a pour
objet que de constater le fait de la naissance du futur
époux ; il n'y a donc aucune analogie entre les deux cas.
Sans doute il existe un moyen facile de suppléer au
certificat d'aptitude prescrit par la circulaire ministérielle du 4 mars 1831 ; c'est la production des lois du
pays étranger ou une attestation de jurisconsultes versés
dans la connaissance de ces lois. Mais la nature des
choses s'oppose à ce que le certificat d'aptitude soit
remplacé par la déclaration de sept individus pris indistinctement dans toutes les classes des citoyens et
étrangers à l'étude des lois. C'est cependant par des
déclarations de cette dernière catégorie que s'exécute,

---

[1] *V.* le *Journal des notaires et des avocats*, t. XLIX, p. 47; le
Mémorial du notariat et de l'enregistrement, t. X, p. 222.

dans la pratique, la lettre de M. le procureur du roi. Dès lors l'étranger a la facilité de s'affranchir de toutes les prohibitions, de tous les empêchements que la loi de son pays oppose au mariage par lui projeté, pourvu qu'il trouve en France sept individus qui, dans l'ignorance des lois, ne croient pas mal agir en répétant devant un juge de paix le récit que l'étranger leur a fait de sa position ; et c'est là ce qui arrive tous les jours[1]. Je me bornerai à citer quelques-unes des espèces dont j'ai eu les pièces entre les mains. Dans un acte de notoriété, reçu le 2 mars 1841 à la justice de paix du 3ᵉ arrondissement, sept habitants de Paris, appartenant à la classe des artisans, ont déclaré que Frédéric Bauer, ouvrier tailleur, né à Neuchâtel en Suisse, et Élisabeth-Frédérique Schott, née à Usingen, duché de Nassau, sont dans l'impossibilité de représenter leurs actes de naissance, les actes de consentement des père et mère, les actes de décès des aïeuls et aïeules, enfin le certificat d'aptitude exigé par M. le garde des sceaux, « attendu » que les autorités locales de leur pays refusent de déli- » vrer aux nationaux les actes nécessaires pour contrac- » ter mariage en pays étranger, afin d'éviter l'émigra- » tion. » Par jugement du 20 mars 1841, le tribunal, 1ʳᵉ chambre, prononçant en chambre de conseil, a homologué ledit acte, pour être exécuté suivant sa forme et teneur, et tenir lieu auxdits Jean-Frédéric Bauer et Élisabeth-Frédérique Schott, d'actes de naissance, d'actes de consentement des père et mère, et de certificat d'aptitude, à l'effet seulement de pouvoir contracter

[1] Il est avéré qu'il s'est établi, à Paris, des entreprises qui procurent aux étrangers voulant contracter mariage, des témoins à l'effet de passer les actes de notoriété dont il s'agit.

mariage. Déjà, en 1835, Henri Geyer de Schwarz-
bourg, en Saxe, avait obtenu un jugement dans le
même sens : il en existe un autre de 1840, au profit d'un
jeune Bavarois, et un autre, de 1841, au profit du
nommé Vossler, Wurtembergeois. Nous avons déjà
fait connaître, au n° 10, que les lois de ces deux royaumes
défendent aux regnicoles, à peine de nullité, de contracter mariage à l'étranger sans permission du gouvernement, et il est à notre connaissance que les
autorités locales refusent l'expédition des actes de naissance et la légalisation des actes de consentement des
père et mère, lorsque la permission requise n'a pas été
obtenue.

On le voit, l'instruction de M. le procureur du roi
près le tribunal de la Seine a aggravé le mal, sans écarter aucune des véritables difficultés. A la vérité, elle a
rendu plus faciles les mariages des étrangers résidant en
France ; mais protége-t-elle les véritables intérêts des
parties, et particulièrement des Français qui s'unissent
à des étrangers ? Il faut bien reconnaître que non. Les
unions contractées sous la foi de semblables jugements
d'homologation ne constituent qu'un simulacre de mariage, dans tous les cas où les lois de la patrie du conjoint étranger établissent des nullités inconnues dans
la législation française, ou lorsque l'acte de notoriété
garde le silence sur une nullité reconnue par le Code
français (par exemple, la parenté au degré prohibé),
ou enfin lorsque l'acte de notoriété énonçant le fait de
l'absence du consentement des père et mère, ainsi que
cela est arrivé dans l'espèce citée ci-dessus (affaire Bauer),
le jugement d'homologation prétend suppléer à l'absence
de cette condition essentielle. Certes, et surtout dans
les pays étrangers, les tribunaux ne regarderont pas ces

nullités comme couvertes à l'avance par les jugements d'homologation; ils maintiendront le principe que la loi personnelle suit l'individu en pays étranger.

D'ailleurs, dans la plupart des cas, les faits se sont passés en pays étranger et ne peuvent donc pas être à la connaissance des témoins ou déclarants parisiens. Cette circonstance seule, et abstraction faite de la question de droit, devrait faire refuser foi aux actes de notoriété dont il s'agit. D'après le texte de l'article 72, l'homologation ne doit pas être une simple formule : il appartient au juge d'apprécier le degré de créance que méritent les déclarations contenues aux actes de notoriété.

Il faut donc reconnaître que l'instruction de M. le procureur du roi de Paris s'écarte des principes du droit, et que, dans l'application, elle entraîne les plus graves inconvénients; dès lors il y a nécessité urgente d'abandonner cette fausse route, et d'adopter les mesures que nous avons indiquées *suprà*, à la fin du n° 12.

14. Il nous reste à parler d'une autre instruction ministérielle, uniquement relative aux mariages que les sujets du roi de Sardaigne se proposent de contracter en France.

Une lettre de M. le garde des sceaux, en date du 12 décembre 1831, à M. le procureur du roi près le tribunal civil de la Seine, reproduite dans une circulaire de ce magistrat, adressée aux maires du département [1], déclare que « le certificat exigé par la circulaire du » 4 mars 1831 est sans objet à l'égard des sujets du roi » de Sardaigne, suivant la législation qui les régit. » M. le

---

[1] *Journal des notaires et des avocats*, et *Mémorial du notariat et de l'enregistrement*, aux endroits cités plus haut.

garde des sceaux ajoute que « les mariages des Sardes,
» pour être valables, doivent être autorisés par le droit
» canonique, et de plus célébrés dans toutes les formalités
» du culte qu'ils professent; mais que, comme la loi
» française ne permet pas que le mariage religieux
» précède le mariage civil, il suffira désormais, à l'é-
» gard des sujets sardes qui désireraient se marier, de
» constater leur capacité légale d'après le droit cano-
» nique, et de prévenir en outre les futurs des condi-
» tions requises par la législation étrangère. » Cette
lettre nous suggère deux observations : la première,
c'est qu'elle renferme une contradiction en déclarant,
d'une part, *inutile* le certificat exigé par la circulaire du
4 mars 1831, lorsque, d'autre part, elle prescrit cependant de constater la capacité légale d'après le droit canonique, constatation qui était l'unique but du certificat :
la seconde, que la lettre de M. le garde des sceaux charge
les maires français de prévenir les futurs époux des
conditions requises par la législation étrangère (sarde),
sans faire connaître à ces officiers publics quelles sont
ces conditions [1].

15. La disposition finale de la circulaire ministérielle
du 4 mars 1831, reproduit une décision du comité de
législation du Conseil d'état, en date du 20 décembre
1823. Cette disposition nous paraît offrir une saine interprétation de l'article 167 du Code.

« Les étrangers majeurs, dit la circulaire, qui n'ont
» pas acquis de domicile en France par une résidence
» de plus de six mois, sont tenus de faire faire à leur
» dernier domicile à l'étranger, les publications préala-
» bles à la célébration de leur mariage. Ces publications

---

[1] On trouvera ces conditions dans le tableau comparatif ci-après.

» doivent avoir lieu suivant les formes usitées dans
» chaque pays, et leur accomplissement doit être con-
» staté par un acte émané des autorités locales.»

Les dispositions exceptionnelles des articles 70 et 71
du Code civil n'autorisent point à faire la preuve d'une
résidence de plus de six mois par la voie d'un acte de
notoriété; cependant, dans tous les actes de notoriété que
nous avons eus entre les mains, le fait d'une résidence
des futurs époux en France, depuis plus de six mois,
était mentionné, et les mariages ont été célébrés en
suite de cette énonciation. En fait, on peut donc éluder
et on élude la sage disposition de la circulaire ministérielle; et les facilités trop grandes qui sont offertes à la
contractation des mariages de personnes étrangères,
dans le ressort du tribunal de la Seine, assimilent ce
ressort d'une façon regrettable au territoire de Gretna-
Green en Écosse [1].

16. Après avoir exposé l'état de la législation française,
en matière de mariages contractés à l'étranger par des
Français ou par des étrangers en France, nous arrivons
aux lois des États étrangers.

LÉGISLATIONS ÉTRANGÈRES.

17. Les législations étrangères, en matière de mariage, se divisent en deux classes : celles qui ont adopté
le Code civil français, soit comme texte, soit comme modèle, et celles qui ont une source entièrement différente.
Dans la première classe se trouvent la Belgique, la rive
gauche du Rhin, le duché de Berg, le royaume des

---

[1] V. ce que nous avons dit sur le célèbre village de Gretna-Green
et les mariages qui s'y contractent, dans la *Revue étrangère*, t. IV,
p 7; et ci-après, § 7, v° Écosse.

Pays-Bas, le grand-duché de Bade, le royaume des Deux-Siciles et l'île de Haïti ; la seconde classe se compose des autres pays de l'Europe.

Avant d'arriver au tableau comparatif de ces diverses législations, nous ferons plusieurs observations sur quelques-unes d'entre elles.

18. La *Belgique* et la *rive gauche du Rhin* faisaient partie intégrante de la France au moment de la promulgation du Code civil. Plus tard, en 1810, ce Code obtint force de loi dans les pays composant aujourd'hui le royaume des *Pays-Bas :* ce même Code fut promulgué dans le duché de *Berg.* Ces divers pays conservent, jusqu'à ce jour, cette même loi, à l'exception du royaume des Pays-Bas. qui a obtenu un nouveau Code civil, exécutoire à partir du 1ᵉʳ octobre 1838. En ce qui concerne le mariage, ce Code diffère peu de celui de la France [1].

19. Le Code civil de la république d'*Haïti* est calqué sur celui de la France : il a été promulgué le 27 mars 1825.

20. Le Code civil français a été adopté comme loi dans le grand-duché de *Bade*, en 1809. Cependant le titre du mariage a subi plusieurs modifications, partie au moment de la promulgation du Code, partie dans les années postérieures. Un décret grand-ducal, en date du 15 juillet 1807, composé de 72 articles ou paragraphes, avait réglé d'une manière uniforme tout ce qui concerne le mariage et le divorce. Parmi les additions faites au Code lors de sa promulgation dans le grand-duché, on trouve la disposition suivante placée à la suite de l'art. 311 : « Le règlement matrimonial de 1807 » est maintenu dans toutes ses dispositions qui peuvent

---

[1] *V.* la *Revue etrangere et française*, t. V. p. 639 et 905.

» se concilier avec celles du présent Code. Il conservera
» d'ailleurs sa force légale en tout ce qui concerne la
» police administrative. » Une ordonnance interpréta-
tive, en date du 29 octobre 1810, a déclaré que la police administrative embrasse tout ce qui regarde « la
» conclusion du mariage, et, par suite, les prohibitions
» du mariage. » De là résulte que le règlement de 1807
fait encore la loi de la matière en ce qui concerne les
prohibitions du mariage et les formalités relatives à sa
célébration : pour tout le reste, les dispositions du Code
civil sont applicables. La différence la plus importante
entre le règlement de 1807 et la législation française,
c'est qu'en Bade le ministre du culte est en même
temps officier de l'état civil, et qu'il unit les époux à la
fois au nom de la loi civile et par la bénédiction sacra-
mentale.

21. Le Code des *Deux-Siciles* de 1819 est calqué sur
le Code français; mais il en diffère, sous plusieurs
rapports, dans la matière du mariage. Il fait marcher de
front les lois civiles et les lois ecclésiastiques. D'une part
(art. 67), le mariage ne peut être célébré légalement
qu'en face de l'église, suivant les formes prescrites par
le concile de Trente. D'autre part, le mariage doit,
outre les publications faites à l'église, être précédé d'une
publication affichée à la maison commune du lieu du domicile de chacun des futurs époux (art 68); les parties
présenteront au maire de la commune du domicile de la
future épouse leurs actes de naissance ou les actes de notoriété dûment homologués qui les remplacent, ainsi que
l'acte du consentement des ascendants ou du conseil de
famille (art. 72-76). Elles diront devant le maire du domicile de l'une d'elles (art. 175) et dans les formes prescrites par les art. 75 et 76 du Code français, la pro-

messe de célébrer le mariage en face de l'église (art. 77 et 79). Sur l'exhibition de cet acte, le curé procédera à la célébration du mariage, après l'accomplissement des conditions prescrites par la loi canonique (art. 80 et 81). En ce qui concerne les qualités et conditions requises pour la validité du mariage, le Code des Deux-Siciles (art. 152 à 174) renferme des dispositions analogues à celles des art. 144 à 164 du Code français, mais en déclarant (art. 150 et 151) que ces dispositions ne se rapportent qu'aux effets civils du mariage, et que le législateur laisse intacts les devoirs imposés par la religion, et n'entend y apporter aucun changement. D'où il suit que, dans tous les cas où la loi ecclésiastique établit des conditions plus rigoureuses que la loi civile, les parties, pour arriver à la bénédiction nuptiale qui, seule, constitue le mariage légal, sont tenues de remplir toutes les prescriptions de l'Église.

22. *Royaume de Sardaigne.* A la différence du Code des Deux-Siciles, le Code sarde de 1837 ne fait point, en matière de mariage, marcher de front les lois civiles et les lois ecclésiastiques. Il se borne (art. 108) à renvoyer à ces dernières, sans en reproduire les dispositions. Nous donnerons l'analyse de ces dispositions dans le tableau comparatif. Du reste, les dispositions du Code et le renvoi aux lois ecclésiastiques ne sont relatifs qu'aux sujets catholiques; les fiançailles et mariages entre personnes qui professent un des cultes chrétiens non catholiques, ou entre juifs, sont soumis à des usages et règlements spéciaux (art. 108 et 150). Comme le nombre des sujets sardes non catholiques n'est pas considérable, nous nous dispenserons d'analyser ces usages et règlements.

23. *Autriche.* Le Code civil de 1811 est conçu dans un

système entièrement différent de celui du Code français,
le ministre du culte est en même temps officier de l'état
civil. Ce Code régit toutes les provinces composant la
monarchie autrichienne, à l'exception de la *Hongrie*,
de la *Croatie*, de l'*Esclavonie* et de la *Transylvanie* [1].
Nous indiquerons les dispositions spéciales en vigueur
dans le royaume de Hongrie et qui s'écartent de celles du
Code civil d'Autriche [2].

24. *Prusse.* Le Code général ne constitue qu'un droit
subsidiaire applicable dans les cas où les lois, coutumes
et statuts en vigueur dans les différentes provinces, ne
renferment pas de disposition explicite [3]. A l'égard de
certaines provinces, l'application des parties du Code
général relatives au mariage (part. II, tit. 1, 2, 3), a
même été complétement suspendue. Tel est le cas pour
le duché de Westphalie, la principauté de Siegen, les
bailliages de Burbach et de Neuenkirchen, et les anciens
comtés de Witgenstein-Witgenstein et Witgenstein-
Berleburg [4]. Dans ces provinces, la matière est régie par le
droit commun de l'Allemagne [5]. Ce dernier droit a également conservé force de loi dans les parties de territoire si-

---

[1] Winiwarter, Exposé systématique et commentaire du droit civil autrichien (*Das œsterreichische bürgerliche Recht, systematisch
dargestellt und erlœutert*), t. 1, p. 31.

[2] Publication de la chancellerie de la cour, du 18 août 1831. Winiwarter, Manuel des lois autrichiennes en matière judiciaire et
d'administration, qui se rapportent au Code civil (*Handbuch der
Justiz und politischen Gesetze..... welche sich auf das.... bürgerliche
Gesetzbuch beziehen*), t. 1, p. 122. Kœvy, *Elementa jurisprudentiæ
hungaricæ*, p. 57 et suiv.

[3] *V.* la *Revue étrangère et française*, t. IV, p. 419.

[4] Ordonnance royale du 21 juin 185. *Bulletin des Lois* (*Gesetz-
sammlung*), 1825, p. 153.

[5] *V.* la *Revue*, t. IV, p. 419 et 420.

tuées sur la rive droite du Rhin, où les autres dispositions
du Code général n'ont pas été introduites, p. ex. dans les
localités cédées par le Nassau en 1814 et faisant ancien-
nement partie des électorats de Trèves et de Cologne.

25. *Bavière*. Les dispositions du Code civil de 1756
ont été développées et modifiées par plusieurs ordonnances postérieures, dont nous ferons mention dans le
tableau comparatif. Du reste, il est nécessaire de faire
remarquer que le Code bavarois ne régit pas toutes les
provinces qui composent aujourd'hui ce royaume : dans
plusieurs localités, le Code prussien est encore en vigueur ; dans d'autres, le droit commun allemand, ou
des lois ou coutumes spéciales [1].

26. *Wurtemberg*. Ce royaume ne possède pas de
Co le civil : il est régi, en matière de mariage, par d'anciennes coutumes et des lois spéciales dont nous donnerons l'analyse [2].

27. *Royaume de Saxe*. A défaut d'un Code civil [3] qui
réunisse les dispositions législatives en vigueur sur le
mariage, nous les avons extraites d'un ouvrage étendu

---

[1] *V*. Statistique du royaume de Bavière, relativement à l'application des lois civiles concernant le fond du droit, et à l'exclusion
de la Bavière rhénane (*Statistick des Kœnigreichs Bayern, in Bezie-
hung auf materielle burgerliche Gesetze*, etc.), par M. Jaeck, 1ᵉ éd.
Erlangen, 1829.

[2] Cette analyse est extraite des deux ouvrages suivants : 1° Recueil des lois civiles des Würtembergeois (*Die burgerlichen Gesetze der Wurtemberger*), imprimé à Hall, en 1840, part. 1, §§ 9 et
suiv. 2° Manuel du droit privé du Würtemberg (*Handbuch des
Wurtembergischen Privatrechts*), par M. de Weishaar, t. 1, §§ 18.
113-123 et 133-135.

[3] Un projet de Code civil s'élabore en ce moment. *V*. la *Revue
étrangère et française*, t. VII, p. 686.

contenant l'exposition raisonnée du droit civil de ce
royaume [1].

28. Dans les États allemands du second et troisième
ordre, qui ne possèdent pas de législation complète en
matière de mariage, cette union se forme toujours sous
les auspices de l'Église, et on n'admet pas la distinction
entre le mariage civil et le mariage religieux ; la population catholique demeure soumise aux dispositions du
droit canonique, que nous exposerons au mot « Sardaigne ; » la population protestante est régie par les mêmes
dispositions, sous les modifications qui y ont été appor-
tées, soit par des lois positives spéciales, soit par les
opinions des auteurs et la jurisprudence des tribunaux.
Les auteurs et les tribunaux ont cru voir, dans certaines dispositions du droit canonique, des atteintes à
la liberté de la conscience, ou à la liberté naturelle, ou
aux droits légitimes de l'homme [2]. En conséquence, il
s'est formé un corps de doctrine composé des dispositions du droit canonique non modifiées et des modifications sanctionnées par les auteurs ou par une jurisprudence uniforme ; c'est ce corps de doctrine qu'on appelle
le droit commun ecclésiastique protestant [3]. Ce droit
commun forme la règle dans tous les pays protestants,

---

[1] Manuel du droit civil en vigueur dans le royaume de Saxe
(*Handbuch des im Kœnigreiche Sachsen geltenden Civilrechts*), par
M. Curtius.

[2] Principes du droit ecclésiastique (*Grundsaetze des Kirchenrechts*)
par M. Eichhorn, t. II, p. 3o1 et 3o2. Boehmer, *Jus ecclesiasticum
protestantium, passim*. M. Mittermaier, Principes du droit privé allemand (*Grundsaetze des deutschen Privatrechts*), § 377.

[3] M. Eichhorn ; *ibid*, p. 34o. — Autrefois ce droit commun régis-
sait aussi les autres pays allemands non catholiques, tels que la
Prusse, la Saxe, le Wurtemberg, qui possèdent aujourd'hui cha-

à quelques légères modifications près, introduites, dans chacun d'eux, par des dispositions législatives. Ainsi, par exemple, ce droit commun admet des dispenses de mariage dans tous les cas de parenté, hors la ligne directe et les frères et sœurs légitimes et naturels [1], et, dans les cas d'alliance, hors la ligne directe [2]. L'adoption n'apporte un empêchement qu'entre l'adoptant et l'adopté, et entre celui-ci et les agnats du premier, tant que subsiste l'adoption [3]; la parenté spirituelle (par le baptême et la confirmation) n'est pas reconnue [4], etc. Par contre, le droit commun ecclésiastique protestant regarde le défaut de consentement du père comme un empêchement dirimant pendant toute la durée de la puissance paternelle [5]. Par rapport à d'autres points, les auteurs et la jurisprudence ne sont pas parvenus à établir des règles généralement reconnues : par exemple, sur les peines à prononcer pour inobservation de l'année de deuil [6], sur la prohibition du mariage entre le tuteur et la pupille empruntée au droit romain [7]; 2° entre chrétiens et juifs [8]; 3° pour cause d'adul-

---

cun une législation spéciale sur la matière. Le droit commun y forme encore la loi subsidiaire, à laquelle on a recours en cas d'insuffisance des lois positives.

[1] M. Eichhorn, *ibid.* p. 403 et 404.

[2] *Ibid.*, p. 415 et 417.

[3] *Ibid.*, p. 420 et 421. Boehmer, *lib.* 4, *tit.* 12, S 4.

[4] M. Eichhorn, p. 422.

[5] *Ibid*, p. 370.

[6] *Ibid.*, p. 425. Gluck, Commentaire des Pandectes (*Pandecten commentar*, etc.); vol, 24, p. 197.

[7] M. Eichhorn, p. 426. Puffendorff, *observationes*, t. II, *obs.* 94, S 13.

[8] M. Eichhorn, p. 380.

tère [1]. A cet égard, dans chaque pays, on suit des règles particulières.

Le droit commun protestant régit, par exemple, le royaume de *Hanovre*, à l'exception de la Frise occidentale, des pays de Lingen et d'Eichsfeld, où le Code prussien a conservé force de loi, et de quelques autres localités où d'anciens règlements ont établi des prescriptions spéciales relatives aux fiançailles [2].

L'électorat de Hesse est également régi par le droit commun [3]; plusieurs ordonnances rendues à une époque récente sont venues le compléter. Nous les citerons dans le courant de ce travail.

Il en est de même dans le *grand-duché de Hesse* et dans le *duché de Nassau*.

Pour éviter de donner au tableau comparatif une étendue qui dépasse les proportions d'articles de revue, nous n'y avons pas compris nos notices concernant tous les États allemands du troisième ordre, ainsi que les cantons suisses.

29. *Espagne*. Les dispositions du droit espagnol en cette matière ont été empruntées au droit canonique : les lois civiles ont seulement ajouté quelques empêchements, ainsi que l'obligation de prendre le consentement des ascendants [4].

30. Le *Portugal* n'a pas non plus de Code civil; l'observation faite par rapport à l'Espagne est également applicable au Portugal [5].

---

[1] M. Eichhorn, p. 377.

[2] Schlegel, Droit ecclésiastique de l'électorat de Hanovre (*Churhannoverisches Kirchenrecht*), t. III, p. 187 et suiv.

[3] Ledderhose, droit ecclésiastique de l'électorat de Hesse (*Kurhessisches Kirchenrecht*), publié par M Pfeiffer; Marbourg, 1811.

[4] Exposé du Droit de l'Espagne (*Illustracion del derecho de España*), par don Juan Sala. Paris, 1837; t. I, p. 44 et suiv.

[5] Mello-Freire, *Institutiones juris civilis lusitani*, lib. II, tit. 5.

31. *Angleterre*. Aujourd'hui, en matière de mariage, peu de points demeurent sous l'empire du droit commun : presque tout a été réglé par des statuts (lois) qui, pour la plupart, datent d'une époque récente. La célébration du mariage est un acte religieux, sur lequel cependant l'autorité civile exerce une surveillance active[1].

32. L'*Écosse* possède des lois plus anciennes sur la matière : le mariage est regardé comme un contrat civil entre les parties, et il peut être valablement conclu sans l'intervention de l'autorité ecclésiastique[2].

33. En *Danemark*, le Code de Chrétien V (de 1683), appelé *Danske-Low*, liv. III, chap. 16, est la loi de la matière. La loi ne reconnaît d'autre mariage que celui célébré à l'église par le ministre du culte[3].

La *Norwége* est régie par le Code de 1678, qui contient, liv. III, chap. 18, des dispositions identiques à celles du liv. III, chap. 16, du Code danois. C'est pourquoi nous réunirons ensemble, dans le tableau comparatif, ce qui regarde ces deux royaumes, en nous bornant à citer les dispositions du Code danois.

34. Les duchés de *Schleswig* et de *Holstein* font partie, à la fois, des possessions du roi de Danemark et de la Confédération germanique[4] ; ils ne sont pas régis par le Code danois, mais par le droit commun de l'Allemagne et par différentes ordonnances royales. Nous ferons usage

---

[1] Manuel des lois de l'Angleterre, de l'Écosse et de l'ancienne Rome (*Compendium of the laws of England, Scotland and ancient Rome*), part. i, du mariage ; par M. Logan, p. 2 et suiv.

[2] *Ibid.*, p. 171 et suiv.

[3] D'après une loi danoise, du 29 mars 1814, § 6, les mariages des juifs sont soumis aux lois générales du royaume. *V*. l'ouvrage de Heinemann, cité *infrà*, v° Prusse, p. 445.

[4] *V*. la *Revue étrangère et française*, t. III, p. 2 et suiv.

d'un ouvrage qui contient l'exposition méthodique du droit civil des deux duchés [1].

35. *Suède*. Le Code de 1734, titre du mariage, chapitre 1, est la loi de la matière. Aux termes de ce Code, comme en Danemark et en Norwége, le ministre du culte exerce en même temps les fonctions d'officier de l'état civil.

36. *Russie*. Le digeste (*svod*) subordonne tous les effets du mariage à l'union religieuse des époux ; dans trois chapitres différents il s'occupe : 1° des mariages entre personnes professant la religion gréco-russe ; 2° des mariages des personnes appartenant aux autres communions chrétiennes, soit entre elles, soit avec des personnes de la religion gréco-russe ; 3° des mariages des individus non chrétiens, soit entre eux, soit avec des chrétiens. Les mariages des chrétiens sont nécessairement célébrés par le ministre du culte [2].

37. Dans le cours de ce travail, nous indiquons tous les empêchements de mariage, soit dirimants, soit simplement prohibitifs, qui se trouvent établis par les diverses législations. Nous n'avons pas énoncé, à propos de chacun d'eux, s'il est dirimant ou prohibitif. C'est qu'il ne s'agit, dans cette publication, que d'exposer la marche à suivre pour arriver à un mariage régulier : l'examen des cas de nullité, soit absolue, soit relative, exigerait un travail encore plus étendu.

---

[1] Manuel du droit privé des duchés de Schleswig et de Holstein (*Lehrbuch des Privatrechts in den Herzogthümern Schleswig und Holstein*), par M. Paulsen, professeur de droit à Kiel.

[2] *V.* le Code civil de l'empire de Russie, traduit sur les éditions officielles par un jurisconsulte russe (M. de This) ; publié par M. Victor Foucher. Paris, Joubert, 1841 liv. 1, tit. 1, du mariage.

§ 1. Age requis pour contracter mariage.

En *France*, *dans les pays détachés de la France en 1814 et 1815*, *dans le duché de Berg et en Belgique* (art. 144), *en Haïti* (art. 133) — 18 ans révolus pour l'homme, 15 ans révolus pour la femme.

Pays-Bas. 18 ans révolus pour l'homme, 16 ans révolus pour la femme (art. 86).

Bade. 18 ans révolus pour l'homme, 14 ans révolus pour la femme (art. 4)[1].

Deux-Siciles. 14 ans pour l'homme, 12 ans pour la femme (art. 152).

Sardaigne. Le droit canonique, qui fait la loi de la matière, ne contient point de fixation positive; il parle[2] de l'âge de la puberté, et de là les auteurs[3] ont inféré qu'il a voulu s'en rapporter, en règle générale, au droit romain, qui fixe l'âge de la puberté à 14 ans pour les hommes et à 12 ans pour les femmes. Toutefois, le chapitre cité à la note admet la validité du mariage contracté à une époque antérieure, lorsqu'il a été suivi de la cohabitation[4].

Autriche. *Voy.* ci-après, § 5, ce qui sera dit du consentement des père et mère.

Hongrie. Entre catholiques, 14 ans révolus pour l'homme, 12 ans révolus pour la femme. A l'égard des individus professant la confession d'Augsbourg, 18 ans

---

[1] Cette fixation de l'âge constitue une prohibition, et est régie par le règlement de 1807.

[2] *Cap.* 1, X. *De despons. impub.* (IV, 2.)

[3] M. Walter, Manuel du droit canonique (*Lehrbuch des Kirchenrechts*, etc.). 8ᵉ éd. § 291. Sauter, *Fundamenta juris ecclesiastici catholicorum*, t. II, § 725.

[4] *Ibid.*

révolus pour l'homme, 15 ans révolus pour la femme :
les préceptes de la confession helvétique exigent 18
et 14 ans accomplis [1].

Prusse. 18 ans révolus pour l'homme, 14 ans révolus
pour la femme (part. II, tit. 1, § 37).

Bavière. 14 ans révolus pour l'homme, 12 ans révolus pour la femme (part. I, chap. 6, § 10).

Wurtemberg. 25 ans pour l'homme. Une femme âgée
de plus de 40 ans ne peut épouser un homme ayant dix
ans de moins qu'elle [2].

Saxe. 18 ans révolus pour l'homme, 14 ans révolus
pour la femme. Un mandat royal du 20 septembre 1826
interdit au clergé la bénédiction du mariage d'un homme
au-dessous de 21 ans, mais sans attacher la nullité du
mariage à la contravention à cette prohibition.

Hesse (Électorat). 22 ans révolus pour l'homme, 18
ans révolus pour la femme. Des dispenses peuvent être
accordées par les régences provinciales [3].

Hesse (Grand-Duché). 21 ans révolus pour les deux
sexes, à moins de dispenses accordées par les autorités
administratives; le mariage est nul, si l'homme a moins
de 14 ans, la femme moins de 12 [4].

Espagne. 14 ans révolus pour l'homme, 12 ans révolus pour la femme, sauf le cas où la puissance virile
se manifesterait de meilleure heure [5].

---

[1] Kœvy, p. 61 et suiv. D'après l'auteur, cette disposition est conforme au droit canonique.

[2] M. Mittermaier, § 377, note 1.

[3] Ordonnances des 6 février 1822 et 4 janvier 1832.

[4] M. Bopp, p. 223, 124 et 416. M. Rühl, des Rapports matrimoniaux
dans le Grand-Duché de Hesse (*Die ehelichen Verhaeltnisse*, etc.),
p. 34, 39 et 41.

[5] Sala, t. I, p. 53, n° 12.

Portugal. La loi ne fixe point d'âge au-dessous duquel il est défendu de contracter mariage [1].

Angleterre. 14 ans pour l'homme, 12 ans pour la femme. La nullité du mariage contracté avant cet âge peut être demandée par chacune des parties, aussitôt qu'elle aura atteint ce même âge de 14 ou 12 ans. La cohabitation postérieure à cette dernière époque rend non recevable la demande en nullité. La nullité n'est absolue qu'autant que l'une des parties aurait moins de 7 ans [2].

Écosse. 14 ans révolus pour l'homme, 12 ans révolus pour la femme [3].

Danemark. 20 ans révolus pour l'homme, 16 ans révolus pour la femme (liv. III, chap. 16, art. 5).

Norwége. Même disposition (liv. III, chap. 18).

En *Schleswig* et *Holstein* il faut avoir obtenu, au préalable, la confirmation religieuse [4].

Suède. 21 ans révolus pour l'homme, 15 ans révolus pour la femme (titre du mariage, chap. 1, art. 6).

Russie (à l'égard de tous les cultes chrétiens). 18 ans révolus pour l'homme, 16 ans révolus pour la femme (titre du mariage, art. 2 et 50). Nul ne peut contracter mariage s'il est âgé de 90 ans révolus (art. 3).

§ 2. Des dispenses d'âge.

Ces dispenses peuvent être accordées par le roi, en *France* [5], dans les *pays détachés* en 1814 et 1815, en

---

[1] Mello-Freire, lib. II, tit. 5, § 11.
[2] Logan, p. 5, 6, 7.
[3] *Ibid.*, p. 173.
[4] M. Paulsen, § 124, p. 222.
[5] Les consuls généraux résidant dans les pays situés au delà de

Belgique (art. 145), dans les *Pays-Bas* (art. 86); en *Haiti*, par le président (art. 133).

En *Bade*, le mariage ne peut être célébré avant l'âge de 25 ans révolus pour les hommes et avant 18 ans pour les femmes, à moins de dispenses préalables obtenues des autorités administratives; au souverain seul appartient le pouvoir d'accorder des dispenses avant l'âge de 20 ans pour les hommes et de 14 pour les femmes.

Hongrie. Les évêques catholiques peuvent accorder des dispenses.

Prusse. Le tribunal chargé de veiller aux intérêts des mineurs peut accorder des dispenses en faveur des futurs époux. Toutefois, le mariage contracté moyennant ces dispenses peut être attaqué par le mari dans les six mois à partir du jour où il aura accompli sa 18e année (addition au § 37).

Wurtemberg. Une femme ne peut épouser sans dispense un homme qui a 12 ans de moins qu'elle.

Hesse. Voy. § 1, v° Hesse (Électorat) et Hesse (Grand-Duché).

Suède. Le roi peut accorder des dispenses d'âge. Ces dispenses ne sont délivrées au paysan qui se propose de se marier à 18 ans, qu'autant qu'il justifie de moyens suffisants pour subvenir à l'entretien de son ménage futur (loi du 8 décembre 1756).

§ 3. Nécessité du consentement des parties.

France, pays détachés en 1814 et 1815, Belgique (art. 146); *Haiti* (art. 134).

---

l'océan Atlantique sont autorisés à accorder des dispenses d'âge au nom du roi. Ordonnance royale du 23 octobre 1833, art. 18.

Pays - Bas. L'art. 85 reproduit l'art. 146 du Code français.

Bade. L'art. 9 reproduit l'art. 146 du Code civil français ; l'art. 10 établit les principes sur l'erreur ; l'art. 7 prononce la nullité du mariage : 1° entre le ravisseur et la personne enlevée , à moins que le mariage n'ait été renouvelé à une époque où cette dernière a été remise en pleine liberté et du consentement de toutes les personnes sous la puissance desquelles elle se trouve placée par la loi ; 2° en cas d'impuissance antérieure au mariage et ignorée par l'autre conjoint.

Deux-Siciles. L'art. 153 est conforme à l'art. 146. Il n'y a pas de consentement s'il y a erreur sur la personne ; il en est autrement si l'erreur porte uniquement sur les qualités de la personne (art. 154).

Sardaigne. Le droit canonique prononce la nullité du mariage pour cause de violence ou d'erreur[1].

Autriche. Les individus qui se trouvent dans un état habituel d'imbécillité, de démence ou de fureur, ne peuvent contracter mariage (art. 48).

Le mariage est nul , s'il a été extorqué par la peur : tel est le cas d'une personne enlevée et non remise en liberté (art. 55 et 56). Le mariage est nul en cas d'erreur sur la personne ; dès lors , le mari peut demander la nullité du mariage, lorsque après la célébration il reconnaît que la femme est enceinte des œuvres d'un autre (art. 57 et 58), excepté dans le cas où il aura épousé la femme avant l'expiration de six mois depuis la dissolution d'un premier mariage (art. 120 et 121).

L'impuissance permanente de remplir le but du ma-

---

[1] M. Walter. § 299

riage est une cause de nullité lorsqu'elle existait avant la célébration (art. 60).

L'individu condamné à la prison très-dure ou à la prison dure est incapable de contracter mariage depuis le moment où l'arrêt lui a été notifié , et jusqu'à l'expiration de sa peine (art. 61).

Prusse. La loi exige le consentement libre des deux parties : elle prononce la nullité du mariage pour défaut de capacité de contracter , ou pour cause de violence , crainte , fraude , erreur dans la personne ou sur les qualités personnelles qu'on est dans l'usage de supposer. La nullité ne peut plus être invoquée lorsqu'il y a eu cohabitation continuée plus de six semaines après la découverte de l'erreur ou de la fraude , ou la cessation de la contrainte (§ 38-44).

Bavière. Sont empêchements dirimants : la violence, l'erreur dans la personne , l'incapacité physique de remplir le but du mariage, lorsqu'elle a existé antérieurement à la célébration ; le rapt , tant que la personne enlevée n'a pas été remise en liberté (§ 7 et suivants).

Wurtemberg. Le mariage est défendu aux individus incapables de remplir le but du mariage, à ceux qui se trouvent au lit de mort , excepté lorsque la future est enceinte ; aux individus atteints d'une maladie contagieuse. Les muets, aveugles et boiteux ne peuvent contracter mariage sans autorisation préalable du tribunal matrimonial [1].

Saxe. Le mariage est interdit aux individus qui se trouvent en état de démence ou de fureur [2].

Espagne. Même disposition , mais avec exception en

---

[1] Quant au rapt et à l'impuissance , *V* les prohibitions, § 6.
[2] Curtius, t. I, § 85. Quant au rapt, *v.* ci-après, § 6.

faveur des intervalles lucides. Le mariage est nul pou
cause d'erreur dans la personne ou pour cause devio-
lence [1].

Angleterre. Sont incapables de contracter mariage
les individus atteints d'un vice de conformation qu
entraîne l'impuissance ou la stérilité ; ceux qui se trou
vent en état de démence ou de fureur (Stat. 15, Geor-
ges II, chap. 80) [2].

Écosse. Mêmes dispositions, en ajoutant à la dernière : « même lorsqu'ils ont des intervalles lucides [3]. »

Danemark et Norwége. Le mariage est interdit aux
individus qui ne sont pas sains d'esprit (art. 5).

Russie. Le mariage ne peut être valablement contracté que du consentement libre et mutuel des parties ;
en conséquence, il est défendu aux parents de contraindre leurs enfants et aux seigneurs de contraindre leurs
serfs à contracter mariage (art. 10). — Le mariage est
interdit aux individus en état de démence et d'imbécillité (art. 49).

§ 4. Prohibition de la bigamie.

Cette prohibition, portée par l'art. 147 du Code civil, se trouve également dans le code de Haïti (art. 135),
dans celui des Pays-Bas (art. 84), en Bade (art. 6),
dans le Code des Deux-Siciles (art. 155), dans le droit
canonique en vigueur dans le royaume de Sardaigne
(chap. 8, X *de divort.* (IV. 19). *Concil. trid. sess.* 24,
can. 2, *de sacram. matr.*), dans le Code civil d'Autriche
(art. 62), dans celui de la Prusse (§ 16), de Bavière (§ 7),

---

[1] Sala, p. 52, n° 11.
[2] Logan, p. 3 et 4.
[3] *Ibid.*, p. 173. Burton, p. 270.

en Hesse[1], en Portugal[2], en Angleterre[3], en Écosse[4], en Danemark et Norwége (§7), en Russie (art. 11 et 49). La loi russe (art. 12) ajoute même qu'on ne peut contracter un quatrième mariage.

§ 5. Nécessité du consentement d'autres personnes.

En *France*, dans les *pays détachés*, en 1814 et 1815, et en *Belgique*, les art. 148 à 160 inclusivement font la loi de la matière. En outre, les militaires de tout grade, en activité de service dans l'armée de terre ou de mer, les officiers réformés jouissant d'un traitement, les intendants et sous-intendants militaires et leurs adjoints, et les officiers de santé, ne peuvent contracter mariage avant d'en avoir obtenu la permission du ministre de la guerre ou du conseil d'administration du corps (décrets des 15 juin, 3 et 28 août, et 21 décembre 1808)[5].

Les dispositions du Code français ont été reproduites par celui d'*Haïti* (art. 136 à 148) avec deux modifications : 1° l'art. 141 (153 du Code français) commence dans les termes suivants : « Après l'âge de 30 ans pour » les fils et de 25 ans pour la fille, il pourra être, etc. ; » 2° l'art. 148 substitue le conseil de famille au tuteur *ad hoc*, dont parle l'art. 159 du Code civil français.

Pays-Bas. Les enfants légitimes ne peuvent, durant leur minorité (jusqu'à l'âge de 23 ans accomplis, article 385 du Code civil), contracter mariage sans le

---

[1] M. Rühl, p. 34 et 39.
[2] Mello-Freire, lib. II, tit. 5, § 13.
[3] Tomlins, *Law dictionary*, v° *Bigamy*.
[4] Logan, p. 273. Burton, p. 270.
[5] Toullier, t. 1, n° 557.

consentement de leurs père et mère, ou du père seul,
si la mère refuse de s'expliquer, ou s'il y a dissentiment entre elle et le père. Dans ce dernier cas, le père
est tenu de déclarer, dans son acte de consentement,
que celui de la mère a été demandé. Si le père est mort,
ou s'il est dans l'impossibilité de manifester sa volonté,
le consentement de la mère suffit (art. 92). En cas de
décès des père et mère, ou lorsqu'ils se trouvent dans
l'impossibilité de manifester leur volonté, ils sont remplacés par l'aïeul paternel; à son défaut, par l'aïeul maternel; à défaut de ce dernier, par la grand'mère paternelle, ensuite par la grand'mère maternelle. A défaut
d'ascendants, les enfants mineurs ne peuvent contracter mariage sans le consentement du tuteur et du subrogé tuteur. En cas de refus de ceux-ci et de l'un
d'eux, le juge de canton pourra accorder ou refuser le
consentement, après avoir entendu le tuteur et le subrogé tuteur, ainsi que les quatre plus proches parents
du mineur, jusqu'au degré de cousin-germain inclusivement. A défaut de parents à ces degrés, le juge entendra des alliés au même degré; à leur défaut, il se
bornera à entendre le tuteur et le subrogé tuteur (art. 95).
Dans ce dernier cas, l'enfant ou le tuteur, ou le subrogé
tuteur, peut se pourvoir, par requête, devant le tribunal de l'arrondissement, qui prononcera définitivement
(art. 96).

L'enfant naturel reconnu par le père, ne peut,
durant sa minorité, contracter mariage sans le consentement du père, et à son défaut, de la mère (article 97). Si le père est mort ou dans l'impossibilité de
manifester sa volonté, ou à défaut de reconnaissance de
sa part, l'enfant naturel mineur ne peut contracter mariage sans le consentement d'un tuteur ou subrogé tu-

teur. En cas de refus de leur part, le juge de canton
statuera, sauf le recours au tribunal d'arrondissement,
comme ci-dessus (art. 98).

Depuis la majorité jusqu'à l'âge de trente ans, les enfants légitimes sont encore tenus de demander le consentement du père et de la mère. En cas de refus, l'enfant peut s'adresser au juge de canton, qui, dans les
trois semaines à partir de la présentation de la requête,
entendra le père, et, à son défaut, la mère, ainsi que
l'enfant, et il dressera procès-verbal de leurs dires.
Si les premiers persistent dans leur refus, il ne pourra
être passé outre à la célébration du mariage que trois
mois après le jour de la comparution (art. 101 à 104). Les
mêmes dispositions sont applicables aux enfants naturels.

Bade. Art. 148 à 160 du Code civil français. Une addition à l'art. 150 de ce Code porte : « Dans tous les
» cas, les actes de décès des ascendants peuvent être
» remplacés par la déclaration de quatre témoins. »

Les juifs reçus dans une commune n'ont pas besoin,
pour contracter mariage, d'une permission des autorités (édit du 13 janvier 1809, art 23) [1].

Deux-Siciles. L'art 163 reproduit les dispositions de
l'art. 148 du Code français. Aux termes de l'art. 164,
si le père est mort, ou s'il est dans l'impossibilité de
manifester sa volonté, l'aïeul paternel et la mère le remplacent ; en cas de dissentiment, le consentement de
l'aïeul suffit. L'art. 165 ajoute, qu'en cas de refus du
père et de l'aïeul, le roi peut suppléer à leur consentement.

Les art. 166 et 167 maintiennent, pour toute la vie,

[1] Heinemann, p. 476 et suiv., cité ci-après.

l'obligation de demander le conseil du père et de la mère, ou de l'aïeul et de la mère, et de faire trois actes respectueux. Les art. 154 et 155 du Code français sont reproduits dans les art. 168 et 169, et les art. 158, 159 et 160, dans les art. 172, 173 et 174 du Code des Deux-Siciles.

Royaume de Sardaigne. Le droit canonique n'attache pas la peine de nullité du mariage au défaut du consentement des ascendants ; à la vérité, les anciens canons[1] avaient prescrit aux enfants de prendre le consentement du père et de la mère, à cause de la déférence qui leur est due ; mais le concile de Trente[2] déclare valables les mariages des enfants contractés sans le consentement des père et mère. Le Code sarde a apporté en cette matière une modification indirecte au droit canonique. Aux termes des art. 109 et 110, les père et mère, ou, à leur défaut, les ascendants paternels, peuvent priver de toute légitime dans leur succession les enfants mâles qui se marient sans leur consentement, avant l'âge de trente ans accomplis, et les filles qui se marient sans ce consentement avant l'âge de vingt-cinq ans accomplis. Les enfants qui se trouvent dans ce cas, ne peuvent contraindre l'ascendant qu'à la prestation des aliments strictement nécessaires, et les femmes n'ont même cette action qu'autant que leurs maris ne sont pas en état de fournir à leur entretien.

Autriche. Le mineur[3], ainsi que le majeur incapable de s'obliger, ne peuvent contracter mariage sans le con-

---

[1] *Can.* 1, *caus.* **XXX**, *quæst. V.*

[2] *Sessio* XXIV, *cap.* 1, *de reformat. matrim.* Walter, § 291. Sauter, § 736.

[3] La majorité est fixée à 24 ans accomplis ; § 21 du Code.

sentement du père légitime ; si le père est mort ou incapable d'agir, le mariage, pour être valable, doit être précédé, non-seulement du consentement du représentant légal, mais encore de celui de la justice (§ 49). Les mêmes prescriptions sont applicables aux enfants légitimés par mariage subséquent, et aux enfants adoptifs (§§ 160-162et 183)[1]. Les enfants naturels mineurs ont besoin du consentement du tuteur et de celui de la justice (§ 50).

Les individus dont la majorité n'est pas notoire, sont tenus d'en justifier par la production de leur acte de naissance ou de baptême (§ 78).

Dans tous les cas où le consentement est refusé, les parties peuvent se pourvoir en justice (§ 52). « Le dé-
» faut de revenus suffisants, » porte le § 53, « les mau-
» vaises mœurs prouvées ou notoires, des maladies
» contagieuses ou des infirmités contraires au but du
» mariage, dans la personne de celui avec lequel on veut
» contracter mariage, sont de légitimes motifs pour re-
» fuser le consentement au mariage [2]. »

Les militaires de tout grade ne peuvent contracter mariage sans permission préalable de leurs chefs (§54)[3].

Les mariages des juifs doivent être précédés d'une permission des autorités administratives (§ 124) : mais

---

[1] La loi n'exige point le consentement de la mère et des autres ascendants; mais ceux-ci sont autorisés, lorsque leur consentement n'a pas été obtenu, à refuser la dot (§§ 1221 et 1231).

[2] A Vienne, tous les individus non spécialement exceptés, sont tenus d'obtenir une permission des autorités avant la célébration du mariage. Il en est de même en Tyrol, à l'égard des individus non domiciliés. Winiwarter, Exposé, § 101; t. 1, p. 232 et 233. Le même, Manuel, t. 1, p. 144 et 147.

[3] Winiwarter, Manuel, t. 1, p. 123

la loi n'exige pas le consentement du père ou du tuteur.[1]. .

Hongrie. Le consentement des père et mère, du tuteur
ou du tribunal n'est pas nécessaire pour la validité du
mariage des mineurs[2]. La confession d'Augsbourg et
la confession helvétique interdisent les mariages des
enfants au-dessous de vingt-quatre ans révolus, qui ne
justifient pas du consentement du père ou grand-père,
ou, après leur mort, du tuteur[3].

Prusse. Le fils de famille à tout âge, et la fille avant
vingt-quatre ans[4] révolus, ne peuvent contracter mariage sans le consentement du père légitime ou adoptif
(part. II, tit. I, §§ 45, 46 et 47), ou, lorsqu'ils ont été
abandonnés de leurs père et mère, sans le consentement
de ceux qui se sont chargés de leur éducation (§ 48). En
cas de décès du père, les fils ou filles mineurs, âgés de
moins de vingt-quatre ans révolus (part. I, tit. I, §§ 25
et 26), ou interdits pour cause de prodigalité, ne peuvent
contracter mariage sans le consentement de la mère et du
tuteur (part. II, tit. I, §§ 49 et 55). Si le père et la mère
sont morts, les aïeuls et aïeules les remplacent dans

---

[1] Winiwarter, Manuel, p. 114. *V*. aussi : Journal du droit et de
la législation de l'Autriche (*Zeitschrift für oesterreichische Rechts-
gelehrsamkeit und politische Gesetzkunde*), publié par MM. Dolliner
et Kudler; année 1837, t. I, p. 1 et suiv.

[2] Cette proposition, énoncée dans la publication du 18 août
1831, est contredite par Kœvy, p. 61, § 112. — La majorité, en
Hongrie, est fixée à 24 ans accomplis pour les hommes et à 16 ans
accomplis pour les femmes. Kœvy, p. 11, § 30.

[3] Kœvy, p. 57 et suiv.

[4] Le § 46 porte : 25 ans; c'est une erreur. Voir le rescrit du
30 juin 1823. Klein, Système du droit civil prussien (*System des
preussischen Civilrechts*), t. II, § 599.

l'ordre suivant : 1° ceux qui se sont chargés de l'entretien et de l'éducation de l'enfant ; 2° les aïeuls sont préférés aux aïeules, ceux du côté paternel à ceux du côté maternel (§§ 50, 51, 52) ; à défaut d'aïeuls et d'aïeules, le consentement du tuteur suffit, mais au préalable il lui faut l'autorisation du tribunal chargé de veiller aux intérêts du mineur (§§ 53 et 54). Le même tribunal peut suppléer au consentement des père et mère, aïeuls et aïeules demeurant hors d'Europe (§ 57).

Le consentement peut être refusé pour des motifs graves, tels que le défaut d'un revenu suffisant, la condamnation de l'autre futur époux à une peine infamante ou réputée telle dans l'opinion publique, une inconduite notoire, un jugement prononçant le divorce contre lui, enfin une maladie contagieuse ; le consentement peut être refusé lorsqu'un mineur, appartenant à la noblesse ou à la bourgeoisie, veut contracter mariage avec une personne d'une classe inférieure ; lorsque l'autre partie s'est rendue coupable d'injures ou de voies de fait envers les père et mère, aïeuls ou aïeules, ou enfin lorsque les futurs époux ont cherché à obtenir le consentement des ayants droit par des voies détournées et illicites, tels que l'enlèvement (§§ 58 à 67). Dans tous les cas de refus, par les personnes dont la loi requiert le consentement, le tribunal ordinaire statuera et pourra suppléer audit consentement (§§ 68 à 72).

Le mariage consenti par le fils de famille ou par une fille âgée de moins de vingt-quatre ans, sans le consentement du père, peut être annulé sur la demande de celui-ci, formée dans les six mois du jour où il aura eu connaissance de la célébration (§ 994). Si le père ne forme pas d'action en nullité, et dans tous les cas où il n'a pas le droit de la former, il peut réduire l'enfant à

4

la moitié de la légitime (§§ 996 et 998). Le même droit de réduction appartient à la mère après la mort du père (§ 1000). Le mariage contracté par des mineurs après le décès du père, sans le consentement de la mère, des aïeuls ou aïeules, ou du tuteur, peut être déclaré nul par les tribunaux : le mineur lui-même peut l'attaquer dans les six mois, à partir du jour où il aura accompli sa vingt-quatrième année (§§ 979, 984 et 999). Dans le premier cas, si le tribunal ne juge pas à propos de prononcer la nullité du mariage, la fortune de la femme demeurera toujours, jusqu'à sa majorité, sous l'administration du tuteur (§ 980).

Les enfants nés hors mariage n'appartiennent ni à la famille du père ni à celle de la mère ; le père n'exerce point sur eux la puissance paternelle : les droits personnels des père et mère ne s'étendent pas au delà de ce qui concerne l'éducation des enfants naturels : tous les autres droits appartiennent au tuteur (part. II, tit. II, §§ 639, 644 et 645). C'est donc ce dernier qui accorde le consentement au mariage.

L'adopté n'a besoin que du consentement de l'adoptant (part. II, tit. I, § 47). En cas de décès de l'adoptant, le consentement des père et mère naturels et légitimes redevient nécessaire, aux termes d'un rescrit du 10 janvier 1803[1].

Les officiers, sous-officiers et soldats ne peuvent contracter mariage sans la permission de leurs chefs (§§ 34, 35); il en est de même des fonctionnaires publics salariés, y compris les ministres du culte et les membres du corps enseignant; les officiers et les fonctionnaires publics

---

[1] Klein, § 599. De Strombeck, Suppléments au code général (*Ergænzungen*, etc.), t. 1, p. 616.

sont tenus, en outre, d'acquérir, moyennant finance, l'inscription de leurs femmes au registre de la caisse des pensions des veuves [1].

Bavière. Le mariage des enfants de famille n'est pas nul à défaut du consentement des père et mère, ou, en cas de leur prédécès, des aïeuls ou aïeules (§4). Cependant si le fils n'ayant pas trente ans accomplis et la fille n'ayant pas vingt-cinq ans accomplis, se trouvent encore, au moment de leur mariage, dans la maison des père et mère, ceux-ci ne sont pas tenus de les doter ou de leur fournir d'autres secours; si la fille se marie avec un individu d'une condition inférieure, elle sera réduite à la moitié de la portion qui lui serait échue *ab intestat;* si l'enfant de famille a contracté mariage avec un individu de mauvaise vie, les père et mère peuvent l'exclure entièrement de la succession; et, à défaut de cette exclusion, il sera réduit à la moitié de la légitime. Toutefois, ces peines ne peuvent être appliquées qu'autant que l'enfant a refusé antérieurement un mariage convenable, ou que les père et mère ne l'ont pas empêché d'en contracter.—A défaut d'ascendants, les fils âgés de moins de vingt et un ans et les filles au-dessous de vingt-cinq ans, qui se marient avec des personnes de condition inférieure, sans le consentement des tuteurs et proches parents, sont punis, savoir : les fils, d'un emprisonnement, et les filles de la privation du tiers de la fortune paternelle et maternelle, laquelle portion est dévolue aux plus proches parents (*Ibid.*).

---

[1] Arrêté du ministère d'État de Prusse, du 7 novembre 1837 (M. Weiske, t. III, p. 541, à la note). Rumpf, Les droits et les devoirs des fonctionnaires et employés prussiens (*Dienst und Rechtsverhaeltnisse der preussischen Staatsbeamten*), chap. VII.

Tous les fonctionnaires publics et employés du gouvernement sont tenus d'obtenir, avant de contracter mariage, l'autorisation de leurs supérieurs hiérarchiques, à peine d'être regardés comme démissionnaires[1].

Dans les campagnes, les futurs époux sont tenus d'obtenir la permission des autorités administratives du lieu où ils se proposent de fixer leur domicile (ordonnance royale du 12 juillet 1808, § 2).

Il en est de même des israélites (ordonnances royales des 2 octobre 1811[2] et 10 juin 1813[3].

Wurtemberg. Les enfants ne peuvent contracter mariage sans le consentement des père et mère, et, après leur mort, des aïeuls et aïeules. En cas de décès de ces derniers, et lorsque les enfants sont encore mineurs, âgés de moins de vingt-cinq ans accomplis[4], le consentement du tuteur et des plus proches parents est nécessaire. Le mariage contracté sans le consentement des ascendants ou du tuteur est nul, à moins qu'un décret des autorités n'ait suppléé ledit consentement. Les enfants qui ont négligé d'obtenir ce même consentement, sont privés du droit de réclamer une dot.

Les fonctionnaires et employés publics ne peuvent contracter mariage sans la permission du gouvernement; mais cet empêchement n'est pas dirimant. Cependant, d'après une loi du 2 avril 1806, les mariages des militaires sont nuls, s'il n'a pas été obtenu une autorisation des supérieurs.

---

[1] *V.* les ordonnances royales publiées dans l'ouvrage intitulé : Novelles au droit civil bavarois (*Novellen zum bayerischen Landrecht*), p. 43 et suiv.

[2] *Ibid.* p. 68.

[3] Heinemann, p. 45.

[4] De Weisbaar, t. 1, § 72.

Les juifs ne peuvent contracter mariage sans permission préalable de l'autorité administrative de leur
domicile (ordonnance royale du 25 avril 1828, § 37)[1].

Saxe. Les enfants de famille à tout âge, et bien qu'ils
aient déjà été mariés, ne peuvent contracter mariage
sans le consentement des père et mère, ou, à leur défaut, des aïeuls et aïeules : en cas de dissentiment, le
consentement du père ou de l'aïeul suffit. Lorsque le
consentement a été refusé pour des causes approuvées
ensuite par les tribunaux, le mariage est nul, et les père
et mère sont autorisés à déshériter l'enfant (§§ 94-96).

Les militaires ne peuvent, à peine de nullité, contracter mariage sans l'autorisation de leurs chefs (§ 98).

La loi reconnait la validité des fiançailles contractées
du consentement des ascendants, ou, à leur défaut,
en présence de deux témoins (§ 99), et les enfants nés
d'individus ainsi fiancés, sont regardés comme légitimes (§ 55).

Hesse (Électorat). Aucun employé du gouvernement
ne peut contracter mariage sans l'autorisation de ses
supérieurs hiérarchiques : les membres des autorités
supérieures ont besoin de l'autorisation de l'électeur.
Dans l'un et l'autre cas, l'autorisation ne peut être
refusée qu'à raison d'insuffisance notoire des moyens de
soutenir une famille (loi du 8 mars 1831, § 17).

Hesse (grand-duché). Il faut le consentement des
père, mère, tuteurs ou proches parents[2]. Les militaires
de tout grade ne peuvent se marier sans le consentement
de leurs chefs[3].

---

[1] Heinemann, p. 460 et suiv.
[2] M. Bopp, p. 223.
[3] *Ibid.*, p. 224. M. Rühl, p. 38.

Espagne. Les fils de famille n'ayant pas atteint l'âge
de 25 ans, et les filles mineures de 23 ans, ne peuvent
contracter mariage sans le consentement du père, lequel, en cas de refus, n'est pas tenu d'en donner le
motif. Après 25 ou 23 ans révolus, les enfants n'ont
plus besoin d'obtenir le consentement du père pour
contracter mariage. A défaut de père, les fils ne peuvent, sans le consentement de la mère, contracter mariage avant 24 ans révolus, les filles avant 22 ans
révolus. Si le père et la mère sont morts, les fils mineurs
de 23 ans et les filles au-dessous de 21 ans sont tenus
d'obtenir le consentement de l'aïeul paternel, et, à son
défaut, de l'aïeul maternel. A défaut d'aïeul paternel
et maternel, les fils mineurs de 22 ans et les filles mineures de 20 ans devront réclamer le consentement de
leurs tuteurs, ou, à leur défaut, du juge du lieu. Les
tuteurs et les juges sont tenus de s'expliquer sur les
causes de leur refus. Après l'âge indiqué dans les diverses distinctions ci-dessus, les enfants peuvent libre-
ment passer outre à la célébration du mariage. Dans
tous les cas de refus, le tribunal ordinaire statuera. Les
enfants des grands d'Espagne ont besoin, en outre, du
consentement du roi. Les élèves des deux sexes entre-
tenus aux frais du gouvernement dans les établissements
d'instruction publique, ne peuvent contracter mariage
sans l'autorisation des supérieurs [1].

Le père ou les autres ascendants peuvent déshériter
l'enfant qui s'est marié sans leur consentement [2].

---

[1] Ordonnances des 23 mars 1776, 31 octobre 1783, 23 octobre 1785, 18 septembre 1788 et 28 avril 1803. Sala, I, p. 45
et suiv.
[2] Sala, I, p. 189, n° 22.

Portugal. Les enfants de famille, soit fils, soit filles,
qui n'ont pas atteint l'âge de la majorité (25 ans), ne
peuvent contracter mariage sans le consentement du
père ou de la mère, ou du tuteur ou curateur. Cependant le juge peut suppléer à ce consentement, s'il trouve
le refus mal fondé. La loi ne prononce pas la nullité
des mariages contractés sans le consentement des père,
mère ou tuteur; seulement la fille qui se marie contre
le gré de ses père et mère est exclue de leur succession,
le fils qui se trouve dans le même cas est même privé
de sa propre fortune [1].

Les fonctionnaires publics et les possesseurs de biens
concédés par le roi, ne peuvent contracter mariage sans
son consentement [2].

Angleterre. Le fils ou la fille qui n'ont pas atteint l'âge
de 21 ans révolus, ne peuvent contracter mariage sans
le consentement du père, ou, en cas de décès de celui-ci,
du tuteur, ou, à défaut de tuteur, de la mère non rema-
riée; si elle a convolé à de secondes noces, il sera
nommé un tuteur *ad hoc* par la cour de la chancellerie.
Si le père, le tuteur ou la mère ne sont pas sains d'esprit,
ou absents sur mer, ou s'ils refusent leur consentement,
le lord chancelier peut, sur requête, suppléer à ce consentement (stat. 4, George IV, chap. 76, § 14; stat. 6
et 7, Guillaume IV, chap. 85 [3]).

Écosse. Le consentement des ascendants ou des tuteurs n'est pas requis [4].

Danemark et *Norwége.* L'homme qui recherche une

[1] Mello Freire, *Institutiones*, lib. II, tit. 5, §§ 5 et 7; tit. 13, § 1.
[2] *Ibid.* tit. 5, § 6.
[3] Logan, p. 2 et 3.
[4] Logan, p. 173 et suiv.; Burton, p. 270 et 271.

femme en mariage est tenu de réclamer, outre le consentement de celle-ci, celui de ses père et mère ou de son tuteur. (Code de Chrétien V (Danske Low), liv. 3, chap. 16, art. 1.) Le tuteur de la femme qui s'est mariée sans son consentement, peut retenir l'usufruit de sa fortune pendant toute sa vie (art. 2). Les fiançailles contractées sans le consentement des père et mère ou du tuteur sont nulles : cependant, ce consentement peut être suppléé par le juge, s'il a été refusé sans cause légitime : par exemple, lorsque le tuteur, par des motifs d'intérêt particulier, refuse de consentir au mariage de la pupille âgée de 18 ans accomplis (art. 3 et 4).

Schleswig et *Holstein*. Le fils de famille qui n'a pas atteint l'âge de la puberté (21 ans), et la fille qui n'a pas atteint l'âge de 18 ans, ne peuvent contracter mariage sans le consentement de leurs père et mère. En cas de dissentiment, le consentement du père suffit. Après l'âge de 21 ou de 18 ans, le consistoire peut, au refus des père et mère, suppléer à leur consentement, excepté dans le cas où les enfants qui habitent la maison paternelle et y sont nourris, ont consenti des fiançailles clandestines et sans réserve du consentement des père et mère. Le mariage contracté sans ce consentement n'est nul qu'autant que la célébration en a été obtenue par surprise hors de la paroisse. Dans tous les cas, les père et mère sont autorisés à refuser la dot et à déshériter les enfants. Après la mort du père, les enfants ne peuvent, même du vivant de la mère, contracter mariage sans le consentement des tuteurs, qui sont tenus de donner des motifs de leur refus; le consistoire peut également suppléer au consentement des tuteurs, et la nullité du mariage ne peut être prononcée hors les cas indiqués ci-dessus. Les militaires de tout grade ne peuvent contracter mariage sans le consentement de leurs chefs [1].

Suède. Le père seul a le droit de consentir au mariage de sa fille : la mère est seulement consultée. Après la mort du père, le pouvoir de consentir au mariage de la fille appartient à la mère, à charge de prendre, au préalable, l'avis des plus proches parents. A défaut des père et mère ou d'un individu désigné par eux, la main de la fille est accordée par les frères germains ; à leur défaut, par les frères consanguins, et enfin par les frères utérins, mais à charge par eux de prendre l'avis de l'aïeul paternel ou maternel. S'il n'existe pas de frère, la loi exige le consentement d'autres parents qui se remplacent successivement dans l'ordre suivant : l'aïeul paternel, l'aïeul maternel, le frère du père, le frère de la mère ; les parents collatéraux les plus proches du côté du père ou de la mère ; s'ils sont au même degré, les parents du côté du père sont préférés, à moins que ce ne soit des femmes ; mais on prendra toujours l'avis du plus proche parent maternel ou du tuteur. A défaut d'aucun membre de la famille, le pouvoir de consentir au mariage de la fille passe au tuteur (Code de 1734, titre du mariage, chap. I, art. 1-3). En cas de contestation sur la question de savoir à qui appartient ce pouvoir, les tribunaux prononceront (art. 4) ; en cas de refus de la personne jouissant de ce pouvoir (qu'on appelle *giftoman*), le juge peut suppléer à son consentement (chap. 6, art. 4).

La loi ne prononce pas la nullité du mariage à défaut du consentement du *giftoman ;* mais la fille qui s'est mariée sans avoir obtenu ce consentement, peut être déshéritée par ses père et mère, même lorsqu'elle est veuve d'un premier mariage, pourvu que, dans ce der-

---

[1] M. Paulsen, § 126.

nier cas, elle demeure et soit nourrie dans la maison
des père et mère; elle peut être déshéritée également
par tout autre *giftoman*, lorsque la loi l'appelle à la
succession des acquêts et meubles de ce dernier. Si elle
n'est pas appelée à cette succession, le *giftoman* peut
exiger qu'elle soit privée de la dixième partie de ses
acquêts personnels et de ses meubles (chap. 6, art. 3).

Russie. Le mariage entre individus de tous les cultes
chrétiens ne peut-être contracté sans la permission des
père et mère, tuteur ou curateur (Code civil de Russie,
liv. I, tit. ɪ (du mariage), art. 5).

Le consentement des autorités civiles n'est point requis (art. 48).

Les personnes au service militaire ou civil ne peuvent
contracter mariage sans permission de l'autorité com-
pétente. Sont exceptés les soldats et sous-officiers en
congé illimité. Les serfs ne peuvent contracter mariage
sans la permission du seigneur; il en est de même des
veuves et filles des cultivateurs établis dans les domaines
apanagers (de la couronne), sans la permission de l'autorité communale (art. 7, 8, 9).

Appendice au § 5. De la nécessité du consentement des chefs des familles
régnantes aux mariages des membres de ces mêmes familles.

Les lois, les statuts de famille et l'usage attribuent
aux membres des familles régnantes des prérogatives
spéciales, une haute dignité et une position supérieure
à celle des simples citoyens. En retour, la raison d'état
soumet la position des membres des mêmes familles aux
grands intérêts de la nation ou du gouvernement, et
leur impose des obligations spéciales dont les simples
citoyens sont affranchis; tout ce qui concerne l'existence
sociale des membres des familles régnantes appartient

plus au droit politique qu'au droit civil, et les dispositions de celui-ci ne peuvent leur être appliquées qu'avec
les modifications déterminées par la raison d'état[1]. C'est
ainsi que, dans tous les états monarchiques de l'Europe,
le chef de la famille, qui est le prince régnant, ne fût-
il même pas ascendant, exerce, sur les autres membres
de la famille, un pouvoir beaucoup plus étendu que
celui que les lois civiles ordinaires accordent aux ascendants : ce pouvoir a beaucoup d'analogie avec celui qui
appartenait au père de famille dans l'ancien droit
romain. Le prince régnant règle souverainement les
affaires intérieures de la famille, qu'elles soient politiques ou de droit privé ; il nomme les tuteurs des membres de la famille ; il prononce leur interdiction s'ils
se trouvent hors d'état de régir eux-mêmes leur fortune[2];
son consentement est nécessaire pour la validité de
de leurs mariages ; il peut tester de sa fortune personnelle et la partager entre ses enfants et descendants sans
observer les prescriptions du droit civil sur la portion
disponible, etc.[3]. Ce pouvoir du chef de la famille est
établi, tantôt par des lois positives, tantôt par l'usage.

La règle qui exige le consentement du prince régnant
pour la validité du mariage des membres de sa famille,

---

[1] *V.* le préambule du décret impérial du 30 mars 1806 (statut sur
l'état de la famille impériale), et les auteurs cités ci-après.

[2] *V.* Notre « Mémoire relatif aux débats élevés devant les tribunaux au sujet de l'interdiction de S. A. le duc Charles de Brunswick.»
Paris, 1833; p. 21 et suiv.

[3] *V.* sur ce dernier point, Struvius, *Jurisprudentia heroica, dis-
sertatio præliminaris*, § 37 ; Pütter, *Primæ lineæ juris privati princi-
um*, § 4. — Le roi François 1 des Deux-Siciles, décédé en 1830, a
disposé en ce sens par son testament qui réduit les princesses ses filles
aux dots déjà constituées à leur profit.

est particulièrement commandée par la dignité et l'intérêt des nations autant que des familles régnantes.

Dans le mariage des membres des familles régnantes il ne s'agit pas seulement du bien-être des deux époux et de leurs familles respectives, mais encore et principalement du bien-être, de la dignité, du repos et même du sort de la nation sur laquelle les futurs époux ou leurs descendants peuvent être appelés à régner.

Il peut arriver que la personne sur laquelle un membre de la famille régnante fixe son choix ne réunisse pas toutes les qualités qu'on s'accorde en général à exiger dans les personnes destinées à partager la haute position sociale de l'époux; le défaut d'une de ces qualités peut diminuer, à l'égard de la personne dont il s'agit et de ses descendants, la dignité et le respect dont le chef d'une nation doit être environné vis-à-vis des regnicoles et des étrangers, dans l'intérêt du bien-être et du repos de la nation elle-même.

Il peut arriver enfin, que la famille du conjoint appelé à s'allier à une famille régnante, jouisse d'ailleurs d'une position élevée, mais ait des intérêts politiques contraires; et de cet élément de contestations peuvent résulter, non-seulement des hostilités dans l'intérieur de la famille régnante, mais encore des troubles qui mettent en danger le bonheur ou l'existence de la nation.

Il a paru naturel d'admettre que le chef de la famille, par sa propre expérience et par les conseils dont il est entouré, se trouve le mieux à portée de juger si l'union projetée est conforme à la dignité et aux intérêts de la famille et de la nation; aussi, dans presque tous les états de l'Europe, des lois positives ou l'usage constant depuis des siècles ont reconnu en principe que l'autorité

attribuée par le droit romain au père de famille en matière de mariage de ses descendants, appartient aujour-
d'hui, dans les familles régnantes, au chef de chacune
d'elles sur toutes les personnes qui en font partie,
qu'elles soient ou non ses descendants ; c'est-à-dire que
toutes ces personnes ne peuvent contracter mariage sans
le consentement du prince régnant[1].

Ce principe trouve son application, sans loi écrite,
dans tous les pays allemands[2], spécialement en Prusse[3] ;
il a été consacré par des lois expresses en Bavière[4], en
Wurtemberg[5], en Hanovre et en Brunswick[6] et dans
l'électorat de Hesse[7] ; il a été admis en Espagne par l'u-
sage et sans loi[8] ; en France, d'abord par l'usage, ensuite

---

[1] Struvius, *Jurisprudentia heroica*, part. 1, cap. 4, §§ 1, 15, 37 et
suiv.— Moser, Principes du droit des gens actuel de l'Europe, en
temps de paix (*Grundsaetze des jetzt geltenden europæischen Voel-
kerrechts in Friedenszeiten*), liv. 2, chap. 23, § 26, p. 170.— Pütter,
Jus privatum principum, § 79. — M. Eichhorn, Examen des motifs
sur lesquels MM. Kluber et Zachariæ se sont fondés pour soutenir
la validité du mariage de S. A. R. le duc de Sussex avec lady Au-
guste Murray. (*Prüfung der Gründe mit welchen von den Herrn Kluber
und Zachariæ die Rechtsgultigkeit und Standesmæssigkeit der von
S. K. H. dem Herzog von Sussex mit Lady Augusta Murray im
Jahr 1793 geschlossenen ehelichen Verbindung behauptet worden
ist*), § 29, p. 68.— *V*. aussi le préambule de la loi anglaise de 1772,
qui sera citée ci-après.

[2] Struvius, *ibid.*, § 39. — Kluber, Droit public de la confédération germanique et des états qui la composent (*OEffentliches Recht
des deutschen Bundes und der Bundesstaaten*), § 249.

[3] Mirus, Droit public de la Prusse (*Staatsrecht*, etc.), § 123.

[4] Statut de famille, du 5 août 1819, tit. 2, § 1.

[5] Loi du 8 juin 1828, art. 18.

[6] Statut de famille des 19 et 24 octobre 1831, art. 1.

[7] Statut de famille, du 4 mars 1817, § 6.

[8] Struvius, *ibid*, § 40.

par une loi formelle[1]; en Angleterre, il a été reconnu
par les deux lois de 1427 et 1772[2]; en Écosse, par l'usage
et par la même loi de 1772, postérieure à la réunion des
deux royaumes[3]; dans le duché de Savoie[4]; dans le
royaume des Deux-Siciles, en vertu de quatre lois suc-
cessives, l'une de l'empereur Frédéric II de 1221, la
seconde du roi Charles I, la troisième de Philippe II,
roi d'Espagne, et la quatrième du 7 avril 1829[5]; enfin,
en Russie, également par une loi positive[6].

On peut donc dire que ce principe a passé dans le
droit public de l'Europe, et qu'il doit être appliqué
dans tous les états, même dans ceux où il n'a pas été
consacré par des lois positives ou par d'anciens usages.

---

[1] Struvius, §§ 41 a 67, et particulièrement le § 66. Senatuscon-
sulte du 28 floréal an XII (18 mai 1804), art. 12. Décret impérial du
11 ventôse an XIII (2 mars 1805) concernant le mariage de Jérôme
Bonaparte. Toullier, t. I, n° 553.

[2] Struvius, §§ 68 à 72. Wenck, *Codex juris gentium recentissimi*,
t. III, p. 825. M. Eichhorn, à l'endroit cité, appendice, p. XXXVII.
Logan, p. 16 et 17.

[3] Struvius, § 73.

[4] Struvius, § 36.

[5] Struvius, § 74. Guarani, *Jus regni neapolitani*, lib. 1, tit. 6, § 6.
Almanac de Gotha, pour l'année 1830, chronique, 7 avril 1829.
Klüber, manuel généalogique (*Genealogisches Staatshandbuch*), 1835,
p. 281. — Le mariage du prince de Capoue, frère du roi des Deux-
Siciles, avec miss Penelope Smith, est nul à défaut de consentement
préalable du roi. La loi du 7 avril 1829 n'avait pas été promulguée,
avant ce mariage, dans les formes voulues par l'art. 1 du Code civil
des Deux-Siciles (conforme à l'art. 1 du Code français): mais cette
formalité n'était pas nécessaire, parce que la nullité résulte des principes généraux admis par le droit commun de l'Europe.

[6] Statuts de la famille impériale, art 82 et suiv. *V*. la *Revue
étrangère et française*, t. III, p. 962.

§ 6. Prohibitions pour cause de parenté, d'alliance ou autrement [1].

En *France*, dans les *pays détachés en* 1814 *et* 1815 , dans le *duché de Berg* et en *Belgique*, ces prohibitions sont renfermées dans les art. 161 , 162 , 163 , 164 [2], 228 et 348 du Code civil [3]. La loi française du 16 avril 1832 a étendu le bénéfice de la disposition de l'art. 164 à la prohibition du mariage entre beaux-frères et belles-sœurs (art. 162); la possibilité de dispense avait été établie, dès 1814, dans les provinces de la *rive gauche du Rhin détachées de la France*, et dans le *duché de Berg* [4].

---

[1] La prohibition du mariage en ligne directe, consignée en l'art. 161 du Code civil, étant en quelque sorte de droit naturel, se trouve établie par toutes les législations, et il devient inutile de reproduire ce point dans l'analyse des lois de chaque pays en particulier : nous nous bornerons à indiquer les autres prohibitions, qui ne sont pas les mêmes partout.

[2] Le mariage n'est pas légalement prohibé entre le grand-oncle et la petite-nièce. M. Zachariæ, Cours de Droit civil français, traduit par MM. Aubry et Rau, t. III, p. 189.

[3] Dans les législations étrangères, le mariage est interdit aux individus professant le culte catholique , engagés dans les ordres sacrés ou qui ont fait le vœu formel du célibat. (*V.* ci-après, surtout au mot *Sardaigne*). En France cette dernière prohibition n'est que temporaire, les vœux ne pouvant être contractés que pour la durée de cinq ans , et par des personnes du sexe seulement (Décret impérial du 18 février 1809 , art. 7 et 8 : ordonnance royale du 2 mars 1828 ; Zachariæ, *ibid.*, p. 288) : la prohibition, en ce qui concerne les prêtres, a été consacrée par la jurisprudence (arrêt de la cour de cassation , du 11 février 1833 ; Sirey, 1833, I. 168; Zachariæ, *Ibid.*, p. 285 et suiv.).

[4] Ordonnance de M. Sack, gouverneur général, en date du 14 octobre 1814 , sect. 3 et 4. Rescrit du ministre de la justice de Prusse, du 12 août 1833. Arrêté de la Commission provisoire de Kreutznach, du 1 novembre 1814. Ces dispositions sont toujours en vigueur.

Il en avait été de même en *Belgique* [1] ; un arrêté royal
du 1er novembre 1815 avait rapporté cette disposition ,
laquelle fut cependant rétablie par une loi néerlandaise
du 23 avril 1827; enfin, une loi belge du 28 février 1831
consacre définitivement le droit du gouvernement d'accorder des dispenses, mais dans le cas seulement où le
mariage précédent est dissous par la mort naturelle de
l'un des époux. L'interdiction du nouveau mariage, par la
veuve, avant dix mois révolus depuis la mort du mari
(art. 228) a été supprimée, sous certaines conditions, dans
lesdites *provinces détachées de la France* et dans le duché
de *Berg* [2] ; mais elle subsiste en France et en Belgique.

Le Code civil d'*Haïti* se borne à reproduire (art. 149
et 150) les dispositions des art. 161, 162 et 163 du Code
français, mais sans ajouter une disposition analogue à
l'art. 164. Le même Code étend (art. 213) à un an le
délai fixé par l'art. 228 du Code français ; il ne reconnaît point d'adoption.

Pays-Bas. L'art. 87 prohibe le mariage entre frères
et sœurs légitimes et naturels , comme aussi (art. 88)
entre beau-frère et belle-sœur , légitimes ou naturels ,
et entre l'oncle ou le grand-oncle et la nièce ou la petite-
nièce , entre la tante ou la grand'tante et le neveu ou
le petit-neveu , légitimes ou naturels; toutefois , le roi
peut lever par des dispenses les défenses portées par
l'art. 88. Le mariage est prohibé entre l'individu déclaré
coupable d'adultère et son complice (art. 89); les époux
divorcés ne peuvent pas se remarier (art. 90); la veuve
ne peut contracter un nouveau mariage qu'après 300 jours

---

[1] Manuel du droit civil, commercial et criminel en Belgique,
sur l'art. 162.

[2] *V*. les documents cités à la note 4 de la page précédente.

depuis la dissolution du mariage précédent (art. 91).

Bade. L'art. 5 prohibe le mariage, non-seulement dans les cas prévus par les art. 161, 162 et 163 du Code français, mais encore entre cousins germains légitimes ; cependant il peut être accordé des dispenses pour le mariage avec la veuve du frère, avec la sœur de la femme prédécédée, avec la nièce et entre cousins germains. Un article additionnel à l'art. 164 du Code autorise de nouveau d'accorder des dispenses pour le mariage entre les alliés au second degré (art. 162 du Code), pourvu que le mariage précédent ait été dissous par la mort et non par le divorce. Une ordonnance du 16 février 1811 déclare qu'il ne sera point accordé de dispense entre alliés, lorsque les futurs époux ont vécu en commerce sexuel avant la dissolution du premier mariage.

L'art. 6 prohibe le mariage des individus engagés dans les ordres sacrés ; l'art. 7, celui entre l'époux adultère divorcé et son complice, et entre les individus qui ont commis ou fait commettre un assassinat sur la personne d'un conjoint prédécédé.

Aux termes de l'art. 13, en cas de dissolution du mariage par la mort de l'un des époux, le mari survivant ne peut contracter un nouveau mariage qu'après trois mois à partir du décès de la femme ; la veuve ne le peut qu'après neuf mois depuis la mort du mari. Ces prohibitions peuvent être levées par des dispenses, et les mariages contractés à leur encontre ne sont pas nuls. Une addition à l'art. 228 du Code civil punit la femme contrevenante d'une amende ; l'enfant né avant le dixième mois à partir de la dissolution du premier mariage, et même après la célébration du second, pourra faire valoir ses droits comme issu du premier mariage : le second mari, s'il n'avait pas connaissance de l'inobservation du délai légal, peut demander la nullité du mariage.

Toutes les prohibitions ci-dessus sont les mêmes pour les juifs. (Édit du 13 janvier 1809, art. 23.)

Deux-Siciles. L'art. 158 est la traduction de l'art. 161 du Code français ; quant à la ligne collatérale, l'art. 160 reproduit les dispositions des art. 162 et 163 du Code français ; en même temps il restreint les prohibitions portées par l'art. 348 de ce Code à l'adopté et aux enfants de l'adoptant, quoique ceux-ci eux-mêmes ne soient qu'adoptés. Ces prohibitions, à l'exception de celle relative aux frères et sœurs légitimes ou naturels, peuvent être levées par le roi (art. 161). Le mariage est interdit aux personnes engagées par un vœu solennel[1] ou par l'entrée dans les ordres sacrés (art. 162). L'art. 156 maintient la prohibition énoncée en l'art. 228 du Code français, et l'article 157 reproduit l'ancienne prohibition de mariage du tuteur ou de ses enfants avec le pupille ou la pupille.

Sardaigne. Le droit canonique établit des prohibitions plus étendues que le droit civil, pour cause de parenté ou d'alliance[2] ; il interdit le mariage en ligne directe à l'infini, et, en ligne collatérale, entre parents et alliés jusqu'au quatrième degré inclusivement[3]. Il

---

[1] *V.* ce qui sera dit ci-après, *v° Sardaigne.*

[2] Dans le droit civil, tant en ligne directe qu'en ligne collatérale, on compte autant de degrés qu'il y a de générations entre les personnes ; pourtant l'oncle et le neveu sont au 3e degré. Le droit canonique ne compte, en ligne collatérale, que l'une des branches, et, si elles sont inégales, celle qui est la plus longue : ainsi l'oncle et le neveu sont au 2e degré. *Can.* 2, *caus.* xxxv, *quæst. V.* M. Walter, § 303. Sauter, § 734.

[3] *Cap.* 8 et 9, X *de consanguin. et affin.* (IV, 14). M. Walter, § 304 et 306. Sauter, § 739

consacre par une prohibition de mariage la parenté légale résultant de l'adoption. Le mariage est interdit entre l'adoptant et l'adopté et les alliés au même degré, même entre l'adopté et les enfants de l'adoptant, tant que subsiste l'adoption [1].

Une autre parenté légale résulte de la qualité de parrain : le mariage est prohibé entre le prêtre qui administre le sacrement du baptême ou de la confirmation et les parrains, d'une part, et l'individu baptisé ou confirmé, et ses père et mère, d'autre part [2].

L'individu ayant contracté des fiançailles ne peut épouser un parent au premier degré de l'autre fiancé [3].

Le droit canonique n'admet pas les mariages entre un catholique et un individu professant un autre culte chrétien, à moins que les futurs époux ne consentent à ce que les enfants soient élevés dans la religion catholique [4]; il interdit formellement les mariages des catholiques avec les juifs [5].

A plus forte raison, le droit canonique interdit les mariages des individus qui sont entrés dans les ordres sacrés [6], ou qui ont fait le vœu formel de chasteté en entrant dans un ordre religieux [7].

---

[1] Can. 1, 5, 6, *causa* xxx, *quæst.* III. Cap. un. *de cognat. leg.* M. Walter, § 307. Sauter, § 740.

[2] *Concil. Trid.*, sess. xxiv, cap. 2, *de reform. matrim.* M. Walter, § 306. Sauter, § 741.

[3] *Concil. Trid.*, sess. xxiv, cap. 3, *de reform. matrim.* M. Walter, § 307. Sauter, § 742.

[4] M. Walter, § 318. Sauter, § 730.

[5] C. 10 et 17, *causa* xxviii, *quæst.* 1. Walter, § 300. Sauter, § 730.

[6] *Concil. Trid.*, sess. xxiv, cap. 9, *de sacram. matrim.* M. Walter, § 301. Sauter, § 729.

[7] Can. 20—24, *causa* xxvii, *quæst.* 1. Cap. 4 — 7 *de Bigam.* M. Walter et Sauter, *ibid.*

La contravention aux prohibitions que nous venons d'exposer donne à la partie lésée le droit de former opposition au mariage projeté, et cette contravention entraîne même la nullité du mariage contracté, d'après les textes qui ont été cités [1].

Il y a encore d'autres empêchements auxquels les textes n'attachent pas la peine de nullité, mais qu'il est du devoir des curés de faire respecter ; tels sont :

Le défaut de consentement des père et mère [2] ;

Les fiançailles consenties avec une autre personne [3] ;

Le vœu de chasteté fait sans observation des formes prescrites [4] ;

L'interdiction portée par les autorités ecclésiastiques de procéder au mariage jusqu'à ce que certaines difficultés aient été levées [5] ;

La prohibition de procéder à la célébration du mariage pendant l'avent et le carême [6].

Le saint-père, ou l'évêque par lui délégué, peut dispenser même des empêchements dirimants [7].

Le droit canonique déclare nul le mariage contracté entre la femme adultère et son complice, lorsque avant l'adultère ces individus s'étaient mutuellement promis le mariage, ou lorsque l'un d'eux avait attenté à la vie de l'autre époux [8].

---

[1] M. Walter, § 310.

[2] C. 1 et 3, *causa* xxx, *quæst.* V. M. Walter, § 291 et 308.

[3] M. Walter, § 297 et 308. Sauter, § 742.

[4] M. Walter, § 308.

[5] C. 3, *pr. de clandest. despons.* (IV, 3). C. 1-3, *de matrim. contracto contra interd.* (IV, 16).

[6] *Concil. Trid.*, sess. xxiv, cap. 11, *de sacram matrim.* ; cap. 10, *de reform. matrim.*

[7] M. Walter, § 309.

[8] C. 3, *causa* xxxi, *quæst.* 1.—C. 1, 3, 6, 7, X, *de eo qui duxit in*

Mais la prohibition portée par l'art. 228 du Code civil est inconnue dans le droit canonique [1].

Autriche. Le mariage est prohibé non-seulement dans les cas prévus par les art. 161 et 162 du Code français, mais encore entre l'oncle et la nièce, la tante et le neveu, et les cousins germains, ainsi qu'entre les alliés aux mêmes degrés (art. 65 et 66). Sont incapables de contracter mariage, les ecclésiastiques qui ont reçu les ordres supérieurs, ainsi que les religieux des deux sexes qui ont fait le vœu solennel du célibat (art. 62 et 63). Sont défendus les mariages entre chrétiens et non chrétiens (art. 64). Le mariage est interdit entre l'époux adultère et son complice (art. 67), et entre des personnes dont l'une a attenté à la vie de l'époux qui faisait obstacle à leur union (art. 68).

Il est loisible aux autorités de lever, par des dispenses, les prohibitions portées par les divers articles que nous venons de citer (art. 83 et suiv.), ainsi que l'obligation de produire l'acte de naissance [2].

L'époux divorcé ne peut contracter mariage avec la personne qui, par l'adultère, par des excitations, ou de toute autre manière, a provoqué le divorce (art. 119).

En cas de dissolution du mariage, par la mort du mari ou autrement, la veuve présumée enceinte ne peut convoler aux secondes noces avant son accouchement, et, s'il s'élève des doutes sur le fait de sa grossesse, avant l'expiration de six mois; mais si, d'après les circon-

---

matrim. quam polluit per adulterium. — C. 1, X, de convers. infid. M. Walter, § 302. Sauter, § 731.

[1] C. 4 et 5, X, de secund. nupt. (IV, 21). Sauter, § 728.

[2] V. plus haut, § 5, v° Autriche. Winiwarter, manuel, p. 141.

stances ou le témoignage des gens de l'art, la grossesse n'est pas probable, la dispense peut être accordée à l'expiration de trois mois depuis la mort du mari (art. 120).

Parmi les juifs le mariage est prohibé, en ligne collatérale, entre frère et sœur, entre la sœur et le fils ou petit-fils du frère ou de la sœur. Le mari survivant ne peut épouser une parente de sa femme en ligne directe, ni la sœur de sa femme ; la veuve ne peut contracter mariage avec un parent du mari en ligne directe, ni avec le frère du mari, ni avec le fils ou petit-fils du frère ou de la sœur du mari (§ 125).

Prusse. En ligne collatérale, le mariage est défendu : 1° entre frères et sœurs, légitimes ou naturels ; 2° entre le conjoint survivant et le fils ou la fille d'un premier lit du conjoint prédécédé ; 3° entre le beau-père ou la belle mère et la femme du fils ou le mari de la fille, la femme du petit-fils ou le mari de la petite-fille, et ainsi de suite sans distinction de degré ; 4° entre le neveu et la tante, lorsque celle-ci est plus âgée que lui ; enfin, 5° entre le veuf ou la veuve et l'enfant naturel que le conjoint prédécédé aurait eu, antérieurement au mariage, avec une autre personne. Ces deux dernières prohibitions peuvent être levées par des dispenses (part. II, tit. I, § 3-9, et addition à ce dernier §)[1]. Les mariages contractés en contravention aux prohibitions ci-dessus sont

---

[1] Par un ordre du cabinet, en date du 17 janvier 1839, le roi Frédéric-Guillaume III a déclaré qu'il ne ferait pas usage de son pouvoir d'accorder des dispenses dans le cas de la dernière des prohibitions ci-dessus. M. de Kampz, Annales de la législation, de la science du droit et de l'administration de la justice en Prusse. (*Jahrbucher*, etc., t. LI, p. 140.)

nuls (§ 935); cependant le mariage entre le neveu et
la tante plus âgée peut être validé par une dispense
postérieure (§ 948).

Le mariage est encore défendu entre l'adoptant et
l'adopté, tant que le lien de l'adoption n'a pas été dissous d'une manière légale (§ 13); entre le tuteur ou ses
enfants et le mineur, à moins d'une autorisation préalable du tribunal chargé de veiller aux intérêts du mineur (§ 14). En cas de contravention à cette dernière
prohibition, le tuteur est destitué, et le mariage peut
être déclaré nul sur la demande du nouveau tuteur ; si
le tribunal ne prononce pas cette nullité, la fortune du
mineur demeure néanmoins, jusqu'à sa majorité, sous
l'administration du nouveau tuteur ; le mari n'en pourra
percevoir les revenus que jusqu'à concurrence de ce qui
est nécessaire pour les besoins de sa femme. Tous les
avantages consentis par elle pendant sa minorité, au
profit du mari, sont nuls ; dans les six mois à partir du jour
où la femme aura atteint l'âge de la majorité, elle pourra
provoquer la nullité du mariage dans le cas où le nouveau tuteur ne l'aurait pas fait (§ 977-984). Les mêmes
dispositions sont applicables au mariage entre l'adoptant
et l'adoptée mineure (§ 985). Si l'adoptée est majeure,
elle pourra demander la nullité du mariage dans les six
mois à partir du jour de la célébration : l'annulation
du mariage entraînera pour l'adoptant la déchéance de
tous les droits résultant de l'adoption ; l'adoptée, au contraire, conservera tous les avantages qui lui ont été as-
surés sur la fortune de l'adoptant. Si le mariage n'est pas
annulé, tous les droits réciproques résultant de l'adoption sont éteints (§ 985 à 989).

Il y a prohibition de mariage entre une femme di-
vorcée et son complice d'adultère, ou l'individu qui

aura donné lieu aux dissentiments qui ont fait prononcer le divorce (§ 25-27).

Si l'époux déclaré coupable par le jugement de divorce a attenté à la vie de l'époux innocent, il y a prohibition de mariage entre l'époux coupable et son complice, même après la mort de l'autre époux (§ 28 et 29). Toutefois ces prohibitions peuvent être levées par des dispenses (Ordre du cabinet du 15 mars 1803) [1].

Le mariage est défendu entre un noble et une femme de la classe des paysans ou de la bourgeoisie inférieure, sans dispense préalable (§ 30-33).

De même entre chrétiens et non chrétiens (§ 36).

Après la dissolution du mariage, il ne peut être procédé à un mariage subséquent, qu'après que l'époux survivant aura satisfait à toutes ses obligations vis-à-vis des enfants issus du mariage (§ 17 et 18), à peine de déchéance de l'administration et de la jouissance de la fortune des enfants (§ 1001-1005). La veuve enceinte ne pourra se remarier qu'après son accouchement; si elle n'est pas enceinte, qu'après neuf mois à partir du jour de la dissolution. Ce dernier délai peut être abrégé par des dispenses, mais seulement après l'expiration de trois mois du jour de la dissolution. Lorsque le mariage a été dissous pour cause de désertion du domicile conjugal, la femme peut se remarier de suite. Le veuf ne peut se remarier qu'après six semaines, à partir du décès de sa femme (§ 17-24).

Bavière. Le mariage est prohibé, *a*, en ligne collatérale, jusqu'au quatrième degré inclusivement d'après la computation du droit canonique; *b*, entre le parrain ou la marraine, tant en cas de baptême que de confirma-

---

[1] Klein, *ibid.*, p. 7.

tion, d'une part, et le baptisé ou confirmé et ses père et mère, d'autre part ; *c*, entre l'adoptant et l'adopté ou ses descendants, entre l'adoptant et la veuve de l'adopté, *et vice versâ*, et, tant que dure l'adoption, entre l'adopté et tous les individus qui se trouvent sous la puissance paternelle de l'adoptant ; *d*, entre alliés jusqu'au quatrième degré, ou, lorsque l'alliance résulte d'une cohabitation illégitime, jusqu'au deuxième degré inclusivement, d'après la computation canonique. Sont encore empêchements dirimants : 1° l'entrée dans les ordres[1]; 2° la circonstance que l'un des futurs époux ne professe pas un culte chrétien ; 3° l'assassinat de l'époux prédécédé, commis par l'un des futurs époux dans l'intention de rendre le mariage possible ; 4° l'adultère commis sous la promesse du futur mariage. Mais les fiançailles contractées avec une autre personne ne forment pas un empêchement dirimant (§ 7, 8 et 9).

On peut obtenir des dispenses de quelques-unes des prohibitions de mariage[2].

Wurtemberg. Le mariage est prohibé : 1° en ligne collatérale, entre parents et alliés au premier degré, et au second degré des lignes inégales[3] ; 2° entre l'adoptant ou l'adoptante et les enfants adoptifs ; 3° il est interdit au veuf et à la veuve, dans les six premiers mois du décès de l'autre époux : si la veuve est enceinte, elle doit, en outre, attendre sa délivrance ; 4° aux individus dont le mariage précédent a été dissous par divorce prononcé contre eux pour cause d'adultère ; 5° entre les individus

---

[1] et [2] *V*. les ordonnances royales publiées dans les *Novelles*, p. 73 et suiv.

[3] D'après la computation du droit canonique. *V*. plus haut, *v°* *Sardaigne.*

déclarés coupables d'avoir vécu en état d'adultère; 6° entre le ravisseur et la personne enlevée, si celle-ci forme une demande à cet effet.

Les prohibitions sont les mêmes à l'égard des juifs qu'à l'égard des chrétiens (ordonnance du 25 août 1828, art. 39).

Toutes ces prohibitions peuvent être levées par des dispenses, à la seule exception de celle concernant les parents en ligne directe et au premier degré en ligne collatérale.

Les prêtres catholiques qui ont obtenu les ordres sacrés ne peuvent contracter mariage. Il en est de même des individus professant la religion catholique qui ont fait un vœu solennel de célibat.

Le mariage est défendu entre chrétiens et juifs ou autres infidèles non baptisés.

Saxe. Le mariage est prohibé : 1° en ligne collatérale, jusqu'au deuxième degré, lorsque les lignes sont égales, et jusqu'au troisième degré en cas d'inégalité des lignes; il est interdit également aux personnes entre lesquelles existe le *respectus parentelœ* (oncle et nièce ou petite-nièce, tante et neveu, etc.); 2° entre le beau-fils et la mère ou grand'mère du beau-père ou la belle-mère; entre la belle-fille et le père ou grand-père du beau-père; entre la fiancée et le père, fils ou frère du fiancé; entre le fiancé et la mère, la fille ou la sœur de la fiancée; 3° entre chrétiens et non chrétiens (par exemple les juifs); 4° entre le ravisseur et la fille enlevée, à moins du consentement de la famille de celle-ci; 5° entre le conjoint adultère et son complice, lorsque le premier a attenté à la vie de l'autre conjoint, ou qu'il a promis, du vivant de celui-ci, d'épouser le complice; 6° entre le tuteur ou ses enfants et le pupille, à moins d'une autorisation du juge [1]. Ces prohibitions peuvent être levées par des dispenses, à l'exception du cas de parenté ou d'alliance en ligne directe, et, entre collatéraux, au premier degré des lignes égales et au deuxième des lignes inégales [2].

Après la dissolution du mariage par le décès de l'un des époux, le survivant ne peut contracter un nouveau mariage, savoir : le veuf qu'après six mois, et la veuve après un an seulement. Le roi peut dispenser de ce délai (§ 139).

Hesse (Électorat). Le mariage est défendu, pour cause de parenté ou d'alliance, jusqu'au troisième degré inclusivement de la computation canonique ; les régences provinciales sont autorisées à lever ces prohibitions, mais elles sont tenues de faire préalablement leur rapport au ministre de l'intérieur, lorsqu'il s'agit de mariages entre alliés en ligne directe, ou, en ligne collatérale, entre beau-frère et belle-sœur légitimes ou naturels, entre oncle et nièce, tante et neveu, ou entre enfants que les père et mère ont eus d'autres mariages [3].

Après la dissolution du mariage par la mort de l'un des époux, le veuf ne peut contracter un second mariage avant l'expiration de six mois, la veuve avant l'expiration d'une année : toutefois les régences sont autorisées à accorder des dispenses, trois mois après le décès de la femme et six mois après celui du mari [4].

Hesse (Grand-Duché). Les prohibitions pour cause

---

[1] Curtius, § 86 et 88.
[2] *Ibid.*, § 89.
[3] Circulaire du ministre de l'intérieur, du 8 février 1822.
[4] *Ibid.*

de parenté et d'alliance peuvent être levées par des dispenses accordées par les autorités administratives, à
partir du degré de cousins germains, comme aussi entre
oncle et nièce, et entre alliés à tous les degrés [1]. Le mariage est prohibé entre l'époux adultère et son complice,
lorsque l'un d'eux a attenté aux jours de l'époux prédécédé, ou lorsqu'ils s'étaient promis le mariage pour le
cas de décès de ce dernier [2], comme aussi entre le tuteur
ou son fils et la pupille, avant l'apurement du dernier
compte et sans permission préalable des autorités [3].
Après la dissolution du mariage par la mort de l'un des
époux, le veuf ne peut contracter un second mariage
avant l'expiration de six mois, la veuve avant l'expiration d'une année : si au moment du décès du mari elle
se trouve enceinte, elle ne pourra convoler aux secondes
noces avant six mois révolus depuis l'accouchement,
même si le temps de deuil fixé ci-dessus est expiré [4]. Cependant ces délais peuvent être abrégés par des dispenses [5].

Enfin, le mariage est défendu aux individus n'ayant
pas acquis le droit de bourgeoisie dans une commune
quelconque du grand-duché [6]. L'époux divorcé ne peut
convoler à de secondes noces sans dispense préalable [7].

Espagne. Conformément au droit canonique, le mariage est prohibé, en ligne collatérale, entre parents
jusqu'au quatrième degré inclusivement, et entre alliés légitimes au même degré ; entre alliés naturels, jusqu'au second degré seulement [8]. L'adoption produit

---

[1], [2], [3], [4] M. Bopp, p. 224. M. Rühl, p. 39 et 40
[5] M. Rühl, p. 37.
[6] M. Bopp, p. 223.
[7] M. Rühl, p. 37.
[8] Sala, p. 56, n° 16.

les mêmes empêchements que la parenté légitime[1].

Le mariage contracté et non consommé, ainsi que les fiançailles, établissent un empêchement, savoir · le premier jusqu'au quatrième degré, les secondes jusqu'au premier seulement. Un autre empêchement résulte du baptême et de la confirmation; nous en avons déjà parlé[2]. Ne peuvent contracter mariage ceux qui ont fait le vœu solennel du célibat, tels que les religieux profès, les clercs ordonnés; ceux qui ont été déclarés coupables d'homicide sur l'autre époux, ou d'adultère. Le mariage ne peut avoir lieu entre un catholique et un individu qui professe un autre culte; il en est de même en cas de rapt ou d'impuissance[3].

Portugal. Le droit canonique est applicable. La veuve ne peut contracter un nouveau mariage qu'après un an révolu depuis le décès du mari[4].

Angleterre. Le mariage est prohibé, en ligne collatérale, jusqu'au quatrième degré exclusivement de parenté ou d'alliance, d'après la computation du droit romain. Ainsi un homme peut épouser la sœur de sa grand'mère; le veuf peut épouser la sœur, tante ou nièce de sa femme défunte; deux frères peuvent épouser deux sœurs; le père et le fils peuvent épouser la mère et la fille; la veuve du frère et le veuf de la sœur peuvent contracter mariage: il en est de même des enfants que les deux époux ont eus d'autres mariages; mais l'homme ne peut épouser la veuve de son frère ou la fille de sa sœur. Les mariages contractés en contravention à

---

[1] Sala, p. 55, n° 15; p. 83 et 84, n° 8.
[2] *V.* ci-dessus, au mot *Sardaigne.*
[3] Sala, p. 56, n° 17.
[4] Mello-Freire, lib. 1, tit. 10, § 17; lib. II, tit. 5, § 11.

ces prohibitions sont nuls (Stat. 32 Henri VIII, ch. 38 ; stat. 5 et 6 Guill. IV, ch. 54)¹.

Écosse. Le mariage est prohibé, en ligne collatérale, entre frères et sœurs (germains, consanguins ou utérins), et les alliés au même degré ; entre toutes les personnes dont l'une est à l'autre *loco parentis,* savoir les frères ou sœurs d'un ascendant : mais le mariage est permis entre cousins germains et autres collatéraux plus éloignés (stat. de 1567, cap. 15). Ceux contre lesquels le divorce a été prononcé pour cause d'adultère, ne peuvent épouser le complice (stat. de 1600, c. 20).

Danemark et Norwége. Le mariage est prohibé, en ligne collatérale, avec les frères et sœurs des ascendants (entre l'oncle et la nièce, le neveu et la tante, etc.) ; entre frère et sœur, entre cousins germains et cousins issus de germains, et encore entre toutes personnes dont l'une est au second degré avec l'auteur commun et l'autre au quatrième degré. De même, le mariage est prohibé entre le conjoint survivant et les parents de sa femme aux mêmes degrés. Cette prohibition pour cause d'alliance résulte également de la cohabitation illégitime. Le mariage est défendu au gendre avec la veuve du beau-père ou à la bru avec le veuf de la belle-mère ; au beau-père avec la veuve du beau-fils, à la belle-mère avec le veuf de la belle-fille.

Les mariages contractés en contravention aux prohibitions ci-dessus, par exemple, entre cousins germains, ne seront pas déclarés nuls par les tribunaux lorsque les parties ont ignoré la prohibition. Dans le cas con-

¹ L'adoption est inconnue dans la législation anglaise (Hallifax, *Analysis of the civil Law,* etc., p. 18, n° 5) : il n'y a donc pas d'empêchement résultant de l'adoption.

traire, les conjoints seront punis d'amende et chassés de
la province de leur domicile (art. 9).

L'homme ou la femme coupable d'adultère ne pourra,
après la mort du conjoint, contracter mariage avec le
complice (art. 8).

Schleswig et *Holstein*. Le mariage est interdit entre
le beau-père et la belle-fille, entre la belle-mère et le
beau-fils, et entre frères et sœurs : il ne peut avoir lieu,
sans permission, dans les quatre cas suivants : 1° avec la
veuve du frère ; 2° avec la tante ou grand'tante ; 3° avec la
veuve de l'oncle ou du grand-oncle ; 4° avec la tante ou
grand'tante de la femme décédée. Les sujets ne peuvent,
sans permission, contracter mariage avec des individus
qui ne professent pas la religion protestante. Le mariage est prohibé entre l'époux adultère et son complice,
et entre le tuteur et la pupille avant l'apurement du
compte de tutelle [1].

Suède. Le mariage est prohibé, en ligne collatérale,
entre frères et sœurs, oncles et nièces, tantes et ne-
veux, grands-oncles et petites-nièces, grand'tantes et
petits-neveux (chap. 2, art. 1er et 2) ; entre les alliés des
ascendants et descendants directs, tels que la veuve du
fils ou du petit-fils ; avec la belle-mère, ou avec la seconde femme de l'aïeul paternel ou maternel décédé ; ou
avec la belle-fille, la fille du beau-fils ou de la belle-
fille, avec la mère ou aïeule de la femme décédée.....
et ainsi de suite, tant en montant qu'en descendant
(art. 4) ; avec la veuve du frère, du neveu et petit-neveu, oncle et grand-oncle ; avec la sœur de la femme
prédécédée, les nièces ou leurs descendantes, les tantes
et grand'tantes (art. 5) ; avec la belle-mère de la femme,

---

[1] M. Paulsen, § 115

la veuve du beau-frère, la veuve en secondes noces du mari de la fille décédée, ou ses descendants (art. 6). Les prohibitions portées aux art. 5 et 6 s'appliquent aussi aux mariages des femmes (art. 7).

Le roi peut accorder des dispenses : 1° pour épouser la cousine germaine (art. 3); 2° dans les cas prévus par les art. 4 et 5 du Code (loi du 10 avril 1810).

Les prohibitions portées en ligne collatérale s'appliquent, que la parenté tire son origine de frères ou sœurs germains, consanguins ou utérins; de même il n'y a pas de distinction à faire entre la parenté légitime et la parenté naturelle (art. 9).

Les coupables d'adultère ne peuvent se marier ensemble, même après le décès de l'époux outragé (art. 10).

Les mariages contractés en contravention à ces prohibitions sont nuls (art. 12).

Russie. Le mariage des individus professant la religion gréco-russe est défendu entre parents et alliés aux degrés déterminés par les lois de L'Église (art. 14)[1]. Dans toutes les autres communions chrétiennes, le mariage est interdit entre parents et alliés aux degrés prohibés par les lois de l'église à laquelle appartiennent les contractants (art. 51). Il est de même défendu entre gréco-russes, grecs unis et catholiques romains, avec les non chrétiens (art. 66). Mais sont permis les mariages des protestants avec les mahométans et les juifs (art. 67).

Le mariage des individus professant la religion gréco-russe avec des sectaires de cette même religion est nul, s'il n'a pas été précédé de la conversion de ces derniers (addition à l'art. 23).

---

[1] L'Église dont parle le Code est l'Église gréco-russe : elle a établi les mêmes prohibitions que l'Église catholique. M. Walter, § 304.

Les membres du clergé régulier, les prêtres et les diacres ne peuvent contracter mariage (addition à l'art. 1er).

L'adoption n'est pas une cause de prohibition du mariage.

§ 7. Formalités relatives à la célébration du mariage.

En *France*, dans les *pays détachés* en 1814 et 1815, et en *Belgique*, cette matière est réglée par les art. 63 à 76 inclusivement du Code civil, et par les art. 165 à 171 inclusivement du même Code. Il faut ajouter la disposition de l'art. 54 de la loi du 18 germinal an X, sur les cultes, aux termes duquel les curés ne pourront donner la bénédiction nuptiale qu'à ceux qui auront contracté mariage devant l'officier de l'état civil. L'art. 16 de la constitution belge reproduit la même disposition. — En France, aux termes de l'arrêté du gouvernement en date du 20 prairial an XI, les dispenses de la seconde publication des bans (art. 165) seront accordées, s'il y a lieu, au nom du roi, par le procureur du roi près le tribunal de première instance dans l'arrondissement duquel les impétrants se proposent de célébrer leur mariage. En Belgique, un arrêté royal du 16 juin 1830 délègue ce pouvoir au procureur du roi du domicile de la partie qui réclame les dispenses [1]. Au reste, l'art. 17 de l'ordonnance royale du 23 octobre 1833 autorise les consuls français à l'étranger à dispenser de la seconde publication, lorsqu'il n'y aura pas eu d'opposition à la

---

[1] La disposition de l'arrêté néerlandais nous semble préférable à celle qui régit la France. Les magistrats du domicile du pétitionnaire sont mieux à même d'apprécier les motifs par lui invoqués, que ceux du lieu où les parties se proposent de célébrer le mariage.

première, ou qu'une mainlevée leur aura été représentée.

Le Code de *Haiti* a reproduit les dispositions du Code français (art. 63 à 75, et art. 151 à 156 inclusivement)[1], à trois modifications près : le délai de trois jours dont il est parlé à la fin de l'art. 64 est réduit à deux jours ; l'homologation de l'acte de notoriété a été supprimée ; l'exécution de l'art. 156 (171 du Code français) a été assurée par la menace d'une amende.

Pays-Bas. Les art. 107 à 112, et 126 et suivants, reproduisent les dispositions des art. 63, 64, 65, 70, 71, 73, 75, 160, 165. 166, 167 et 169 du Code français, avec les modifications et additions ci-après :

L'officier de l'état civil se fera remettre, outre l'acte de naissance de chacun des futurs époux, les actes de consentement que nous avons mentionnés au § 5, les actes de décès des ascendants dont le consentement aurait été requis s'ils étaient vivants, l'acte de décès d'un conjoint prédécédé, l'acte de divorce ou le jugement de déclaration d'absence de la personne avec laquelle l'un des futurs époux a été marié. — Il suffit de quatre témoins pour l'acte de notoriété : cet acte peut également remplacer les actes de décès des ascendants. Encore la déclaration sous serment, donnée par les témoins de l'acte de mariage, peut suppléer aux actes de naissance et de décès. — Les témoins du mariage doivent être regnicoles. — Le mariage sera célébré dans la maison commune : si l'un des futurs époux se trouve dans l'impossibilité de s'y rendre, la célébration du mariage pourra avoir lieu dans une autre maison de la même commune

---

[1] *V*. cependant, sur l application de ces articles, la *Gazette des Tribunaux* du 31 décembre 1837, affaire Magnière.

(art. 132). — Le roi peut permettre la célébration du mariage par procureur ; mais la procuration doit être authentique (art. 134).

L'art. 136 reproduit l'art. 54 de la loi française du 18 germinal an X.

Bade. Il ne peut être procédé aux publications et à la célébration du mariage avant que les futurs époux n'aient obtenu de l'autorité administrative une attestation constatant qu'ils réunissent les qualités et conditions requises pour contracter mariage (art. 17). D'après l'art. 60, et conformément à une ordonnance spéciale du 20 octobre 1807, si les lois de l'Église exigent des dispenses pour cause de parenté ou autre, les futurs époux sont tenus de s'en munir également, avant qu'ils ne puissent requérir le ministre du culte de procéder à la célébration du mariage, conformément à l'art. 19 ci-après.

Le mariage doit être précédé de trois publications faites, à huit jours d'intervalle, dans la paroisse du domicile de chacun des futurs époux. Lorsque ce domicile n'est établi que par trois mois de résidence, les publications seront faites en outre dans la paroisse du dernier domicile (art. 18).

Le mariage sera célébré par le ministre du culte. Si la célébration a lieu dans une réunion religieuse, la loi exige la présence de deux témoins, outre celle du ministre du culte, de son sacristain, des futurs époux et de leurs père et mère. Lorsque les futurs époux professent le même culte, le ministre se conformera au rituel de ce culte ; si l'un des époux professe un culte différent, le ministre négligera les formes qui se trouvent en contradiction avec ce culte ; s'il s'agit d'individus qui n'admettent point une bénédiction religieuse du mariage , par exemple les anabaptistes, les séparatistes, etc., ou lorsqu'un obstacle quelconque s'oppose à ce que la bénédiction religieuse soit accordée [1], le ministre du culte se bornera à recevoir de chacune des parties la déclaration qu'elles veulent se prendre pour mari et femme ; il déclarera ensuite qu'il ne connaît aucun empêchement légal à leur mariage : qu'en conséquence, en sa qualité de fonctionnaire public et comme représentant l'État, et sans égard à l'approbation ou à la désapprobation donnée à ce mariage par l'Église, il leur accorde la permission de vivre comme mari et femme, et qu'ils peuvent exercer tous les droits et sont soumis à toutes les obligations qui naissent du mariage (art. 19). — Dans tous les cas, aux termes d'une ordonnance du 3 février 1812, le ministre du culte doit, avant la célébration religieuse, donner lecture aux futurs époux du chapitre VI du titre du mariage du Code civil. Cette lecture se fait ordinairement hors de l'église.

Le mariage sera célébré par le ministre du culte, soit du domicile de l'une des parties, soit du domicile que les futurs époux auront choisi. Le ministre du culte qui célébrera se fera remettre le certificat, délivré par son collègue, constatant les publications faites ou les dispenses accordées. Ce certificat énoncera en même temps que le

---

[1] Par exemple, lorsque le ministre du culte croit devoir refuser la bénédiction des mariages mixtes, soit entre chrétiens professant des cultes différents, soit entre chrétiens et juifs. — Le mode de procéder dont il est question dans le texte ne peut pas être requis sur le simple motif qu'il existe une prohibition dans les lois de l'Église, lorsque les parties ont négligé de réclamer les dispenses, mais seulement lorsque, sans motifs graves, l'autorité ecclésiastique aura refusé les dispenses. *V*. l'art. 17 et l'ordonnance du 20 octobre 1807.

signataire n'a connaissance d'aucun empêchement au mariage. Le mariage peut aussi être célébré devant le ministre du culte d'une autre paroisse, mais seulement
avec la permission du gouvernement, et le curé ainsi délégué doit communiquer à son collègue du domicile réel
tous les renseignements nécessaires pour l'inscription
du mariage sur ses registres (art. 20).

Le mariage est nul lorsqu'il n'a pas été célébré devant
le ministre du culte compétent (art. 21).

La célébration du mariage est interdite dans la se-
maine sainte. — Si, par l'effet de dispenses, le mariage
n'est précédé que d'une seule publication, il doit y avoir
un intervalle de trois jours francs entre cette publication
et la célébration du mariage (art. 22).

Les mariages des juifs sont soumis aux mêmes formalités que ceux des chrétiens (art. 18 et 19). Les publications se font par affiche à l'extérieur de la synagogue
(circulaire ministérielle du 16 mai 1817) [1].

Deux-Siciles. Aux termes de l'art. 67, le mariage ne
peut être célébré légalement qu'en face de l'Église, suivant les formes prescrites par le concile de Trente. Cependant, pour placer en même temps le mariage sous la
protection des lois civiles, il doit être précédé d'une publication affichée pendant quinze jours, de dimanche en
dimanche, à la maison communale du domicile de chacun des futurs époux. Cette publication contiendra les
énonciations prescrites par l'art. 63 du Code français ;
l'art. 167 de ce Code est maintenu, mais le délai de six
mois est réduit à trois. L'art. 169 est également maintenu. L'art. 179 du Code des Deux-Siciles ajoute que

---

[1] Recueil des lois et règlements relatifs aux juifs, en vigueur dans
le grand-duché de Bade (*Sammlung*, etc., p. 66).

les *parties* peuvent se dispenser de procéder aux publications, si l'une d'elles est en danger de mort, pourvu qu'elles prêtent serment qu'aucun empêchement légitime ne s'oppose à leur union.

Les parties présenteront au maire de la commune du domicile de l'une d'elles leurs actes de naissance, ou les actes de notoriété homologués qui sont destinés à les remplacer, ainsi que l'acte de consentement des ascendants ou du conseil de famille. Les futurs époux feront ensuite, devant le même maire, la promesse de mariage dans les formes prescrites par les art. 75 et 76 du Code français. Sur l'exhibition de cet acte, le curé procédera à la célébration du mariage, cérémonie qui n'est pas seulement un acte religieux, mais qui, en même temps, est indispensable pour faire produire au mariage des effets civils (art. 68-81 et 175-179 du Code des Deux-Siciles).

Sardaigne. La célébration du mariage doit être précédée de trois publications faites dans l'église paroissiale de chacun des futurs époux [1]. L'évêque peut accorder des dispenses, même de toutes les trois publications : l'omission de ces publications n'est pas une cause de nullité du mariage [2].

Les deux parties déclareront devant leur propre curé, et en présence d'au moins deux témoins, leur intention de se prendre pour mari et femme. Cette formalité est essentielle, et son inobservation entraîne la nullité du mariage [3]. Lorsque les parties ne sont pas de la même

[1] *Concil. Trid.*, sess. xxiv, cap. i, *de reform. matr.*
[2] M. Walter, §§ 293 et 294. Sauter, § 754.
[3] *Concil. Trid.*, ibid. M. Walter, § 293. Sauter, §§ 756 et 757.— *V.* un arrêt de la cour royale d'Aix, du 27 juin 1838. (Mémorial de jurisprudence de Toulouse, t. 37, p. 122.)

paroisse, il suffira que ladite déclaration soit faite devant le curé de l'une d'elles, toujours en présence de deux témoins.

Le mariage est béni par le même curé devant lequel les futurs époux ont fait leur déclaration, ou par le prêtre qu'il délègue à cet effet. Cette bénédiction n'est pas regardée comme une formalité substantielle, et même le refus du curé de bénir le mariage ne le rend pas nul : il suffit, pour sa validité, que le curé ait entendu la déclaration des parties [1].

Le curé inscrira la célébration du mariage sur les registres tenus à l'église. Cette formalité n'est établie que *probationis causá* [2].

Le propre curé (*parochus proprius*) est celui du domicile réel ou putatif de l'une des parties [3]. De là il suit que rien ne s'oppose à ce qu'un sujet sarde contracte valablement mariage devant le curé de la paroisse à laquelle appartient son conjoint : donc le mariage contracté à l'étranger devant le propre curé du conjoint étranger est valable. Nous reviendrons sur cette dernière question au paragraphe suivant.

Il est défendu de procéder à la célébration du mariage pendant l'avent et le carême ; mais la contravention à cette défense n'entraîne pas la nullité du mariage [4].

Autriche. Le mariage sera précédé de trois publications faites aux jours de dimanche ou de fête devant l'assemblée religieuse ordinaire de la paroisse ; et, si les

---

[1] Van Espen, *Jus eccles. univers.*, part. II, sect. 1, tit. 12, n. 25 et 26. M. Walter et Sauter, aux endroits cités.

[2] M. Walter, § 293. Sauter, § 756, à la note.

[3] Sauter, § 757.

[4] *Concil. Trid.*, sess. xxiv, cap. 11, *de sacram. matrim.;* cap. 10, *de reform. matrim.*

deux futurs époux demeurent sur des paroisses différentes, devant les deux assemblées. Si les deux parties professent un culte chrétien non catholique, les publications seront faites non-seulement dans les assemblées religieuses de leur culte, mais aussi dans les églises paroissiales catholiques dont la circonscription comprend le lieu de leur domicile. Il en est de même lorsque l'un des futurs époux seulement n'est pas catholique (articles 69-71). Les art. 72 et 73 contiennent des dispositions conformes à celles des art. 167 et 65 du Code français, en restreignant toutefois le délai, dans le premier cas, à six semaines, et, dans le second cas, à six mois. — Il peut être accordé des dispenses même de toutes les trois publications, mais à charge, par les futurs époux, d'affirmer sous serment qu'ils ne connaissent aucun empêchement à leur mariage (art. 86 et 87).

La déclaration formelle du consentement sera donnée par les futurs époux, en présence de deux témoins, devant le curé ordinaire de l'une des parties, ou son suppléant[1]. Si les deux parties professent un culte chrétien non catholique, la déclaration sera faite devant le ministre de ce culte (art. 75); si l'une des parties seulement n'est pas catholique, le consentement doit toujours être déclaré devant le curé catholique, en présence de deux témoins; cependant, sur la demande de l'autre partie, le ministre du culte non catholique peut assister à cet acte solennel (art. 77)[2]. Si le mariage doit être célébré dans une pa-

---

[1] La loi ne requiert pas, pour la validité du mariage, la bénédiction religieuse; il suffit de la déclaration des futurs époux, qui sont ensuite libres de se faire donner la bénédiction religieuse. Winiwarter, Exposé, t. 1, § 99, p. 223.

[2] Ibid., p. 226.

roisse autre que celle de l'un des futurs époux, le curé
ordinaire ou autre ministre du culte des parties devra,
en substituant par écrit celui de cette autre paroisse,
faire mention de cette substitution sur le registre de sa
paroisse (art. 81).

Le mariage peut avoir lieu par procureur, en vertu
d'une permission spéciale des autorités (art. 76)[1].

Les mariages des juifs seront précédés de trois publications faites le samedi, à la synagogue, ou, s'il n'y en a
pas, devant la commune assemblée. Les §§ 70-73 seront
observés, et il peut être accordé des dispenses, conformément aux §§ 83-88. — Le mariage sera célébré, en
présence de deux témoins, par le rabbin ou l'instituteur
religieux du domicile de l'un des époux, qui en dressera
acte sur le registre à ce destiné[2].

Prusse. Les publications préalables au mariage seront
faites, à trois dimanches consécutifs, à la chaire de la paroisse de chacun des futurs époux. Si l'un d'eux n'ha-
bite pas encore depuis une année entière dans sa paroisse
actuelle, les publications seront faites en outre dans la
paroisse du dernier domicile (part. II, tit. 1, §§ 138,
139, 141, 150, 151). Cette dernière disposition s'applique aussi aux serviteurs et domestiques (ordonnance
royale du 16 mars 1818)[3].

L'autorité immédiatement supérieure du ministre du
culte de la paroisse de la future peut dispenser de l'une
des publications; la dispense de deux publications ne

---

[1] *V.* Journal du droit et de la législation de l'Autriche, 1838,
t. 1, p. 163. *

[2] Journal du droit et de la législation de l'Autriche, 1840 : Notices (*Notitzenblatt*), p. 197.

[3] Klein, *ibid.*, p. 23.

peut être accordée que par le roi (§§ 152 et 153). Toutefois la future n'a pas besoin d'une dispense lorsque le futur époux, appartenant à l'Église luthérienne ou à la Colonie française, en a obtenu de ses autorités ecclésiastiques (appendice au § 153). — L'omission des publications n'entraîne pas la nullité du mariage, mais une amende ou même l'emprisonnement, à moins que l'un des futurs époux ne se soit trouvé en danger de mort, ou que le futur époux ait dû entreprendre un voyage ong ou dangereux pour le service de l'État (§§ 154-157). L'opposition au mariage est formée par déclaration faite au ministre du culte ; elle n'est recevable que de la part de l'individu qui a contracté antérieurement des fiançailles avec l'un des futurs époux, ou par la femme que le futur époux a rendue enceinte sous la foi de la promesse de mariage. L'opposition suspend les publications et la bénédiction du mariage (§ 158 et suiv.).

Le mariage ne devient parfait que par la bénédiction ecclésiastique (§ 136). Toutefois, lorsque les deux époux professent un culte simplement toléré dans l'État, la célébration du mariage et sa validité seront jugées uniquement selon les usages de leur culte (§ 137) : par exemple, entre conjoints israélites (édit du 11 mars 1812, § 25). Le droit de donner la bénédiction appartient, en règle générale, au ministre du culte de la paroisse de la future; excepté lorsque le futur est militaire, ou que la future fait partie de la classe des militaires : dans ces deux cas, ce droit appartient au ministre de la paroisse du futur (§ 168 ; part. II, tit. 11, §§ 435-438). Toutefois, même dans ces deux cas, le ministre du culte de la future peut procéder à la célébration, lorsque le mariage n'a pas lieu au domicile du futur (ibid., § 439). — La circonstance que le mariage a été célébré par un ministre du culte autre que celui indiqué ci-dessus n'en emporte pas la nullité, mais seulement une amende contre le prêtre contrevenant, et le prêtre compétent doit être indemnisé de ses droits par les époux (§ 169 ; § 434).

Les mariages des juifs seront précédés de trois publications dans la synagogue. Le mariage est censé célébré par la réunion des futurs époux sous le poêle et par l'échange des anneaux [1].

Bavière. Le mariage doit être précédé de trois publications (§ 7) ; cependant, l'omission de cette formalité n'emporte pas la nullité du mariage. On peut obtenir des dispenses des publications [2]; dans ce cas, l'autorité ecclésiastique exige des futurs époux l'affirmation sous serment qu'ils se trouvent en état de liberté par rapport au mariage (*de statu libero*) [3].

Le consentement des futurs époux doit, à peine de nullité, être déclaré devant le curé (ou ministre du culte) ordinaire de la paroisse de l'une des parties (ou devant un autre curé délégué par l'évêque), en présence de deux témoins (§ 5). En cas de mariages mixtes, une ordonnance royale du 25 septembre 1814 a laissé aux futurs époux le choix entre le ministre du culte du mari ou de la femme.

Wurtemberg. Le mariage sera précédé de fiançailles,

---

[1] Édit du 11 mars 1812, § 25. Recueil des lois et règlements en vigueur en Prusse, concernant la constitution religieuse et civile des juifs (*Sammlung der die religiœse und bürgerliche Verfassung der Juden in den kœniglich preussischen Staaten betreffenden Gesetze, etc.*); par M. Heinemann, p. 4, 274, 277 et 410.

[2] *V.* les ordonn. royales publiées dans les *Novelles*, p. 73 et suiv.

[3] Ce serment n'est pas de pure forme. La *Gazette universelle d'Augsbourg*, du 28 novembre 1840, rapporte que récemment un individu a préféré renoncer au mariage que de prêter ce serment.

et publié trois fois dans l'église, aux jours de dimanche. Il peut être accordé des dispenses des publications.

Il devra y avoir un intervalle au moins d'un jour entre la dernière publication et la célébration du mariage. Cette célébration aura lieu par le ministre du culte de l'un des futurs époux, à leur choix : si les époux professent des cultes différents, la bénédiction sera donnée par le ministre du culte du mari ; cependant, sur la demande de la femme, la bénédiction peut être réitérée par le ministre de son culte. Dans tous les cas, la célébration du mariage aura lieu à l'église, en présence de la commune assemblée, ou du moins en présence de témoins.

La violation des lois relatives aux publications et à la célébration du mariage, n'emporte point la nullité du mariage.

Les mariages des juifs seront précédés de trois publications faites à la synagogue, les jours de samedi, et célébrés par le rabbin (ordonnance du 25 avril 1826, art. 37 et 38).

Saxe. Le mariage doit être précédé de trois publications faites à trois dimanches consécutifs, dans la commune du domicile de chacun des deux époux. L'opposition suspend la célébration du mariage. Le roi peut dispenser des publications. En cas de dispenses obtenues, les futurs époux affirmeront qu'ils ne se sont pas engagés par fiançailles envers d'autres personnes (§ 105).

Le mariage sera célébré à l'église par le pasteur du domicile de la future (§§ 107 et 108). Pendant l'avent et le carême, la bénédiction nuptiale ne peut être donnée sans dispenses royales (§ 108).

Dans le royaume de *Hanovre,* les autorités civiles sont chargées d'examiner la fortune des futurs époux et leur

aptitude à se créer une existence, et, si les renseignements sont satisfaisants, de délivrer une autorisation
(*Trauschein*), sur la présentation de laquelle le pasteur
procède aux publications et à la célébration du mariage.
L'absence de cette autorisation n'entraîne pas la nullité
du mariage, mais elle forme un empêchement légal,
pour chacun des époux, de se fixer dans un endroit autre
que celui de son domicile d'origine : en d'autres termes,
les autorités du lieu du domicile du mari peuvent empêcher la femme de s'établir avec lui [1].

Hesse (Électorat). Les publications du mariage d'un
sujet hessois ne peuvent avoir lieu que sur la présentation d'un certificat délivré par le conseil communal (dans
les villes) ou par le bailli du cercle (à la campagne),
constatant que le futur époux est apte à se créer une
existence [2].

Les compagnons d'artisans ne sont pas admis à se marier avant l'expiration du temps pendant lequel ils sont
obligés de voyager [3].

Dans les localités où il existe des curés catholiques et
protestants, les mariages mixtes sont célébrés par le
curé de la religion du futur époux ; s'il n'y a qu'un curé
de l'une des deux religions, celui-ci pourra valablement
procéder à la célébration du mariage [4]; par exception,
dans ce dernier cas, lorsque le curé catholique élève des
scrupules, ou exige la promesse d'élever tous les enfants
dans cette religion, les époux peuvent s'adresser au curé

---

[1] Recueil des lois du royaume de Hanovre (*Sammlung der Gesetze, etc.*), par M. Ebhard, t. VII, p. 1258 et suiv.

[2] Circulaire du ministère d'État, en date du 22 décembre 1823.

[3] *Idem*, du 22 juillet 1826.

[4] *Idem* du 18 août 1823.

protestant, soit du lieu du domicile de la future, soit du lieu où ils doivent se fixer [1].

Hesse (Grand-Duché). Le mariage doit être précédé de trois publications faites à trois dimanches consécutifs, dans l'église paroissiale de chacun des futurs époux ; le mariage est béni par le curé ou pasteur [2].

Espagne. Le mariage doit être célébré en la forme prescrite par le concile de Trente [3], c'est-à-dire précédé de trois publications (dont cependant l'évêque peut dispenser), et célébré à l'église, en présence du propre curé de l'une des parties [4] et de deux témoins. Les personnes des deux sexes qui contracteront mariage sans l'observation de ces formalités (mariage clandestin), peuvent être déshéritées par leurs ascendants [5].

Portugal. Les formalités relatives à la célébration du mariage sont celles établies par le concile de Trente [6].

Angleterre. Les formalités relatives à la célébration du mariage font l'objet de diverses lois rendues dans les derniers temps. Nous indiquerons d'abord les formalités prescrites par ces lois à l'égard des mariages contractés entre individus appartenant à l'Église anglicane. Nous analyserons ensuite les dispositions législatives applicables aux personnes professant un culte quelconque. Ces dispositions, sans distinguer précisément le mariage civil du mariage religieux, font cependant intervenir

---

[1] Circulaire du ministre de l'intérieur du 20 octobre 1838.

[2] M. Bopp, p. 223 et 225. M. Rühl, p. 48.

[3] Sess. 24, *de reform. matr.*, cap. 1.

[4] *V.* un arrêt de la cour royale de Montpellier, du 15 janvier 1839. (Sirey, 1839, II, 246 ; Mémorial de jurisprudence de Tou louse, t. 38, p. 129.)

[5] Sala, t. I, p. 189, n° 22.

[6] Mello Freire, lib. II, tit. 5, § 10.

l'autorité civile dans les formalités relatives à la célébration du mariage.

Le mariage sera précédé de trois publications faites le dimanche, dans l'église paroissiale ou la chapelle publique [1] du lieu où chacune des parties contractantes aura son domicile. A cet effet, les parties sont tenues de faire connaître au ministre du culte, sept jours avant la première publication, leurs noms, lieux de résidence, et le temps depuis lequel elles habitent le même lieu. Il ne peut être accordé aucune permission de célébrer le mariage dans une église autre que l'église paroissiale ou la chapelle publique du lieu où l'une des parties a résidé dans les quinze jours qui précèdent immédiatement celui où la dispense des publications sera accordée.

L'archevêque de Cantorbéry peut accorder des dispenses (*license*) des publications; mais la partie qui réclame ces dispenses doit affirmer sous serment qu'elle croit qu'il n'existe aucun empêchement de parenté ou d'alliance; que dans aucune cour ecclésiastique il n'a été formé une action tendant à empêcher le mariage, et que, dans les quinze jours immédiatement précédents, l'une des parties a résidé dans le lieu d'où dépend l'église paroissiale ou la chapelle dans laquelle le mariage sera célébré; que dans le cas où l'une des parties, qui n'est pas veuf ou veuve, a moins de 21 ans, le consentement d'autres personnes requis par la loi a été obtenu, ou qu'il n'existe aucune des personnes dont la loi requiert le consentement.

Si le mariage n'a pas été célébré dans les trois mois à partir de la dernière publication, ou à partir de la date des dispenses, il ne pourra plus être célébré qu'après que

---

[1] On trouvera ci-après l'explication de ce terme.

de nouvelles publications auront été faites ou de nouvelles dispenses obtenues. — L'archevêque de Cantorbéry peut aussi accorder des dispenses spéciales (*special licenses*) de procéder au mariage à telle époque et à tel lieu qu'il conviendra aux parties.

Le mariage est nul lorsqu'il a été contracté, soit ailleurs que dans l'église paroissiale ou la chapelle publique du lieu de la résidence de l'une des parties, soit sans dispenses spéciales, soit sans publications préalables ou sans dispenses ; enfin, lorsque la bénédiction a été donnée par une personne qui n'a point reçu les ordres sacrés [1]. Lorsque, par suite d'un faux serment ou de fraude, il a été contracté mariage entre deux parties dont l'une ou l'autre n'a pas atteint l'âge requis, ce mariage n'est pas nul ; mais la partie coupable sera déchue de tous les droits de propriété qui résulteraient pour elle de ce mariage. Après la bénédiction donnée au mariage, aucune preuve ne peut être exigée sur le fait que les époux, ou l'un d'eux, ont eu leur résidence habituelle au lieu indiqué, et aucune preuve du contraire ne peut être reçue.

Les mariages sont bénis par le prêtre, dans l'église ou la chapelle de la commune de la résidence de l'une des parties, en présence de deux témoins : ils sont ensuite inscrits au registre à ce destiné (stat. 4 George IV, ch. 76).

Les statuts 6 et 7 Guill. IV, ch. 85, et 1 Vict., ch. 22, établissent des actes de l'état civil pour toutes les per-

---

[1] La peine capitale est prononcée contre tout individu qui usurpe ainsi les fonctions ecclésiastiques. Cette peine a été prononcée au mois de mars 1841 contre le nommé Sandes, ministre du culte destitué, par les assises du comté de la Reine (en Irlande). (*Gazette universelle d'Augsbourg* du 27 mars 1841.)

sonnes, sans distinction de culte, en créant des fonctionnaires chargés de l'enregistrement des actes de naissance, de mariage et de décès. Aux termes de cette loi,
l'un des futurs époux, quel que soit le culte qu'il professe, est tenu de donner connaissance de son projet de
mariage au chef de l'enregistrement du district ou des
districts dans lesquels les parties ont eu leur résidence
pendant les sept jours immédiatement précédents [1]. A
cet effet, il sera remis à ce fonctionnaire une notice contenant les noms et surnoms, profession ou qualité, et la
résidence de chacun des futurs époux, ainsi que la durée
de cette résidence, laquelle ne peut être moindre de sept
jours; enfin, l'église ou le bâtiment dans lequel la célébration du mariage devra avoir lieu. Après l'expiration des
sept jours suivants, s'il a été obtenu de l'autorité ecclésiastique une dispense des publications, ou après l'expiration
des vingt et un jours suivants, s'il n'y a pas de dispense,
le chef de l'enregistrement délivrera, s'il en est requis,
le certificat qu'il n'existe pas d'opposition formée par
l'une des personnes qui auraient droit de le faire, par
exemple celles dont le consentement est requis pour contracter mariage. Le chef de l'enregistrement peut permettre de célébrer le mariage dans un bâtiment enregistré comme il sera dit après.

Mais, en général, aucune dispense ou permission ne
peut être accordée par ce fonctionnaire qu'autant qu'au
préalable une des parties aura affirmé en personne entre
ses mains qu'elle croit qu'il n'existe aucun empêchement
au mariage pour cause de parenté, d'alliance ou autre-

---

[1] Le non-accomplissement de cette condition de résidence ne constitue pas une nullité radicale. Jugement du tribunal de la Seine,
du 21 août 1838. *Gazette des tribunaux* des 14 et 15 juin 1841.

ment, et que, dans les quinze jours qui précèdent immédiatement, soit la délivrance de la dispense, soit
l'affirmation, l'une ou l'autre des parties a eu sa résidence habituelle dans le district dans lequel le mariage
sera célébré; et lorsque l'une des parties, sans être veuf
ou veuve, se trouve avoir moins de 21 ans, le serment
doit contenir, en outre, que cette partie a obtenu le
consentement des personnes désignées par la loi, ou qu'il
n'existe pas de personnes dont la loi exige le consentement.

Aux termes d'une loi spéciale (3 et 4 Vict., c. 72) du
7 août 1840 [1], la permission du chef de l'enregistrement
ne peut être accordée qu'autant que l'édifice [2] dans lequel
les futurs époux se proposent de faire célébrer le mariage, se trouve situé dans le district de la résidence de
l'un d'eux : excepté dans le cas où la notice dont il est
question ci-dessus exprime le culte chrétien que les parties professent, et la forme qu'elles désirent adopter dans
la célébration du mariage, et qu'en même temps les parties déclarent que, dans le district de la résidence de
l'une d'elles, ou dans un district voisin, il n'existe pas
d'édifice consacré à leur culte et dûment enregistré.
Dans ce cas, le mariage ne pourra être annulé sur la
preuve de la fausseté des faits allégués dans la notice ;
mais la fausseté de ces faits entraînera les peines du
parjure, pourvu que la poursuite ait été commencée
dans les dix-huit mois à partir du jour du mariage. Ces
dispositions ne sont pas applicables aux quakers et aux
juifs, qui pourront, comme par le passé, faire célébrer

---

[1] *Law Magazine*, t. XXIV, p. 452.

[2] Nous analyserons ci-après les dispositions relatives aux édifices
qui ne sont pas des églises, et dans lesquels cependant les mariages
peuvent être célébrés.

leurs mariages selon leurs usages, après avoir fourni la notice et obtenu le certificat, quoique l'édifice ne se trouve pas dans le district de leur résidence.

Le mariage [1] ne pourra être célébré avant l'expiration de vingt et un jours à partir de celui de la remise de la notice, s'il n'y a pas de dispense accordée par le chef de l'enregistrement, ou avant l'expiration de sept jours à partir de cette dispense.

Si le mariage n'a pas été célébré dans les trois mois de la remise de la notice au chef de l'enregistrement, le certificat délivré par celui-ci, ainsi que toutes les dispenses accordées, sont regardés comme non avenus; les parties sont tenues de recommencer les formalités à partir de la remise de la notice.

Le certificat délivré par le chef de l'enregistrement sera remis au ministre du culte anglican, lorsque le mariage sera célébré d'après le rite de cette Église; à la personne qui préside au mariage des quakers, lorsque le mariage sera célébré d'après leurs usages; au ministre du culte israélite, s'il s'agit d'individus professant ce culte; enfin, au ministre de tout autre culte suivant lequel le mariage sera célébré.

Tout propriétaire ou détenteur de confiance (*trustee*) d'un édifice, qui affirmera que cet édifice est destiné au service divin, et y a été employé publiquement depuis un an, peut, lorsque cette affirmation est confirmée par vingt tenanciers de maisons (*house-holders*), obtenir du chef de l'enregistrement une autorisation portant que les mariages pourront être célébrés dans cet édifice. Cette autorisation sera enregistrée au bureau central à Lon-

---

[1] Ici continue l'analyse des statuts antérieurs à celui 2 et 3 Vict., c. 72.

dres, et portée à la connaissance du public par des annonces dans les journaux du comté et dans la Gazette de Londres.

Dans tous les cas où le mariage aura lieu dans l'édifice ci-dessus dénommé, il sera célébré à portes ouvertes, le matin, entre onze heures et midi, en présence d'un fonctionnaire de l'administration de l'enregistrement des actes de l'état civil et de deux témoins [1].

Écosse. Quant aux formalités relatives à la célébration du mariage, l'Écosse a conservé la distinction admise, dans l'ancien droit canonique, entre les mariages contractés par des mots indiquant un engagement immédiat (*per verba de præsenti*), et ceux contractés par des mots indiquant un engagement futur (*per verba de futuro*) : on sait que cet engagement futur est la cohabitation [2] Avant le concile de Trente, les lois ecclésiastiques reconnaissaient cette même distinction, à la vérité non pas expressément à l'égard du mariage, mais bien à l'égard des fiançailles ; mais dans le fait, au premier cas (lorsque le futur époux avait employé les mots : *ego te in meam accipio*), les mêmes lois admettaient qu'il existait dès lors un véritable mariage, bien qu'il ne fût pas accompagné de la bénédiction ecclésiastique [3]. Si le futur époux s'était exprimé au futur (*ego te in meam accipiam*), il n'y avait que fiançailles (promesse de mariage) ; mais ces fiançailles se transformaient en mariage effectif lorsque la cohabitation s'ensuivait [4] : on présumait que le consentement *de præsenti*, condition essen-

---

[1] Logan, p. 8 à 14.
[2] Logan, p. 8.
[3] M Walter, §§ 296 et 297.
[4] M. Walter, *ibid.*

tielle du mariage, était donné par les deux parties au moment de la cohabitation, en conséquence de la promesse qui la précédait. Le concile de Trente exige, pour la validité du mariage, la déclaration des futurs époux de se prendre pour mari et femme, faite devant leur curé ordinaire, et en présence de deux témoins[1]. Cette disposition n'a jamais été reçue comme loi en Angleterre et en Ecosse : toutefois, en Angleterre, elle a été reproduite par les lois que nous avons citées. En Écosse, au contraire, l'ancienne législation canonique s'est maintenue : on y distingue les mariages réguliers, qui sont ceux contractés *per verba de præsenti*, et les mariages irréguliers, ou *per verba de futuro*[2].

Le mariage régulier doit être précédé de trois publications faites dans l'église du lieu où les futurs époux se proposent de contracter mariage, à trois dimanches consécutifs, immédiatement avant le service divin. Le curé de la paroisse peut dispenser d'une ou de deux publications, si les circonstances l'exigent. Après les publications, le greffier des marguilliers (*clerk of kirk-session*) en délivre un certificat, sur le vu duquel le ministre du culte de la paroisse peut procéder à la célébration du mariage. Cette formalité s'accomplit ordinairement dans la demeure de la future, en présence de deux témoins. Le prêtre adresse aux parties une exhortation : il reçoit de chacune d'elles, l'une après l'autre, la déclaration qu'elles veulent se prendre pour mari et femme ; ensuite il prononce qu'elles sont unies par le mariage[3]. Aujour-

---

[1] *Conc. Trid.*, sess. 24, cap. 1, *de reform. matr.* M. Walter, § 293.
[2] Logan, p. 172, 173.
[3] Logan, p. 176 et 177. Stat. de 1661, ch. 34 ; 1672, ch. 9 ; 1690, ch. 27 ; 1698, ch. 6.

d'hui, la religion du prêtre ne vient pas en considération, et le mariage consenti en présence d'un prêtre catholique ne serait plus, comme autrefois, regardé comme
clandestin [1].

Le mariage irrégulier n'est point précédé de publications, ni célébré par un ministre du culte : il suffit que
les futurs époux comparaissent devant un magistrat ou
devant une personne qui prend le titre et la qualité de
ministre du culte, ou devant deux témoins notables [2];
une reconnaissance ou déclaration par écrit, faite entre
les parties de propos délibéré, est également suffisante [3],
même lorsqu'elle n'a été délivrée que postérieurement
au mariage [4]. Il suffit même d'une présomption résultant
de la réunion de circonstances qui indiquent que les
parties ont eu l'intention d'être mariées *rebus ipsis et
factis*, comme lorsqu'elles ont réuni leurs domiciles et
vécu en communauté de lit et de chambre, et lorsqu'elles
se sont qualifiées de mari et femme dans la société ; mais
la simple cohabitation ne suffit pas [5].

Le statut de 1661, ch. 34, et celui de 1698, ch. 6,
avaient prononcé des peines contre les individus qui
contracteraient mariage sans publications préalables, ou
devant une personne non autorisée par l'Église établie ;
comme aussi contre tous ceux qui auront aidé ou assisté
à ces mariages. Mais ces dispositions sont tombées en

---

[1] Burton, p. 194 et 272.
[2] *V.* ce que nous avons dit sur les mariages de Gretna-Green,
dans la *Revue étrangère*, t. IV, p. 7, et l'article sur le même sujet,
publié dans la *Gazette des tribunaux* du 13 février 1839.
[3] Logan, p. 177 et 178; Burton, p. 269.
[4] Logan, p. 180.
[5] *Ibid.*, p. 181, 182 et suiv. Stat. de 1503, ch. 77. Burton, p. 270.

désuétude[1]; et, en effet, il était absurde de frapper d'une peine un fait qui était reconnu licite et réglementé par la législation civile. On peut ne voir dans la déclaration des parties qu'une promesse de mariage ; mais dès que cette promesse est suivie de la cohabitation (*copula*), elle se transforme en mariage, ainsi que nous l'avons déjà fait remarquer ; la loi civile présume que le consentement *de præsenti*, qui constitue la condition essentielle du mariage, est donnée par les deux parties au moment de la cohabitation, en conséquence de la promesse antérieure. L'existence de la promesse préalable peut être établie par un écrit, par le serment ou par la preuve testimoniale.

La loi n'exige point que les futurs époux qui, en Écosse, contractent mariage ou fiançailles, aient eu leur résidence dans le royaume ou dans la commune pendant un délai déterminé. Dès lors la déclaration de voyageurs faite en Écosse, devant une des personnes dont nous venons de parler, et suivie de la cohabitation, suffit pour constituer un mariage valable, quant à la forme. Toutefois, si les futurs époux ou l'un d'eux sont étrangers, la loi de leur patrie peut entraîner, au fond, la nullité du mariage.

Danemark et *Norwége.* Toutes personnes qui ne remplissent pas de hautes fonctions publiques, ou qui n'appartiennent point à la noblesse, doivent contracter des fiançailles devant le ministre du culte, en présence de cinq témoins au moins ; lorsqu'il s'agit de personnes remplissant de hautes fonctions publiques, ou qui font partie de la noblesse, il suffit que les fiançailles aient lieu en présence de six amis communs.

---

[1] Logan, p. 177 et 178. Burton, p. 272.

Le mariage sera précédé de trois publications, à huit jours d'intervalle, aux jours de dimanche, dans la paroisse du domicile de la future épouse. Les oppositions seront notifiées verbalement au ministre des cultes, en présence de deux ou trois témoins (art. 10).

Le mariage sera célébré à l'église par le ministre du culte (art. 11).

Schleswig et *Holstein*. Le mariage sera précédé de trois publications faites dans la paroisse du domicile de chacun des futurs époux. Les autorités peuvent, en outre, exiger des futurs époux l'affirmation sous serment qu'il n'existe pas d'empêchement au mariage. Le mariage ne pourra être célébré avant l'expiration de huit jours, à partir de celui de la troisième publication. Sont exceptés de l'obligation de faire publier les bans : 1° les nobles et les possesseurs de biens nobles ; 2° les professeurs de l'université de Kiel, et leurs filles demeurant avec eux ; 3° les futurs époux dont l'un est en danger de mort, ou lorsque la grossesse de la future épouse est avancée ; 4° ceux qui ont obtenu l'autorisation royale de faire célébrer le mariage dans leur domicile [1].

En règle générale, le mariage est célébré à l'église par le ministre du culte de la paroisse de la future, ou par son délégué. Sont exceptés de l'obligation de faire célébrer le mariage à l'église, ceux qui sont dispensés des publications, et ceux qui habitent avec les nobles et les possesseurs de biens nobles [2].

Suède. La loi suppose que le mariage est précédé d'une promesse de mariage faite en présence du *giftoman* et de quatre témoins, dont deux du côté du futur

---

[1] M. Paulsen, S 128.

[2] *Ibid.*, § 129.

et deux du côté de la future. Les fiançailles ainsi contractées sont obligatoires; elles ne peuvent être rompues,
même du consentement des deux parties, sans l'intervention du chapitre consistorial ou des tribunaux : celle
des parties qui viole la promesse est passible de dom-
mages-intérêts. En cas de grossesse de la fiancée, des
faits du fiancé, et de refus de ce dernier de procéder à
la célébration du mariage, la fiancée sera déclarée sa
femme légitime, et jouira, sur sa fortune, des droits
qui appartiennent à celle-ci (chap. 3 et 4).

Le mariage sera précédé de trois publications faites à
trois dimanches consécutifs, au prône de la paroisse de
la fiancée. Cependant, il suffit d'une seule publication
en cas de guerre générale, ou lorsque le fiancé remplit,
hors du territoire du royaume, une mission du gouvernement, ou enfin, si l'une des parties est dangereuse-
ment malade ; cette publication aura toujours lieu un
jour de dimanche ou de fête. Dans ces cas exceptionnels,
il ne pourra être procédé à la célébration du mariage que
deux jours après la publication (ch. 7, art. 2).

La célébration aura lieu par le curé (*ibid.*).

Russie. Le mariage des gréco-russes sera précédé de
trois publications, conformément aux lois ecclésiastiques :
le curé procédera à une enquête sur l'existence d'empêchements au mariage (art. 18, 19, 20). — La célébration du mariage, ainsi que la solennité des fiançailles,
ne peut plus avoir lieu qu'à l'église, aux jours et heures
fixés pour ces cérémonies, en la présence effective des
contractants et de deux ou trois témoins : le tout conformément aux règles et rites de l'Église orthodoxe (grec-
que). Les témoins devront déclarer par écrit qu'il
n'existe entre les contractants ni parenté ni contrainte,
ni aucun autre empêchement au mariage. L'acte de ma-

riage est inscrit sur les registres de la paroisse (art. 21 et 23).

Les mariages entre individus professant les autres cultes chrétiens [1] seront célébrés d'après le rite de l'Église à laquelle appartiennent les contractants, et par l'ecclésiastique compétent. Néanmoins, ces mariages sont valables s'ils ont été célébrés par le curé gréco-russe, à défaut du curé ou du ministre de la communion des contractants. Dans ce dernier cas, la célébration du mariage ne pourra avoir lieu que d'après les prescriptions et les rites de l'Église gréco-russe (art. 52).

Lorsque l'un des futurs époux appartient à la religion gréco-russe, le mariage doit, à peine de nullité, être célébré par un ecclésiastique de cette religion; mais il est permis de le célébrer, avant ou après, suivant le rite de la religion de l'autre conjoint (art. 57). Cette disposition admet des exceptions à l'égard des mariages contractés en Finlande, en Livonie, et dans les gouvernements détachés de l'ancienne Pologne (art. 55, 56 et 58).

§ 8. Des mariages contractés par des regnicoles en pays étranger, et des mariages contractés dans le territoire par des étrangers.

Dans le préambule ou tableau comparatif, nous avons examiné la question de la validité de ces deux classes de mariages, sous l'empire du Code civil français : les règles que nous avons établies s'appliquent d'abord à la *France* et aux *pays détachés en* 1814 *et* 1815.

Parmi ces derniers se trouve la *Bavière rhénane;* une ordonnance royale, en date du 1er novembre 1830 [2], spé-

---

[1] Nous avons jugé inutile de parler des mariages entre non chrétiens, qui font l'objet des art. 70-73.

[2] Manuel de la constitution, de l'organisation judiciaire et de l'ad-

ciale à cette province, contient des dispositions analogues à celles de l'instruction du garde des sceaux, en
date du 4 mars 1831. Voici le texte de cette ordonnance :
« Tout étranger qui se propose de contracter mariage
» devant l'officier de l'état civil, dans notre province
» rhénane, avec une femme originaire de cette province,
» présentera au sous-préfet un certificat des autorités
» compétentes de son domicile, qu'il est apte à contrac-
» ter mariage. Lorsque le sous-préfet trouvera ce certificat
» en règle, quant à la forme et quant à son contenu, il
» le revêtira de son visa. Le certificat ainsi visé sera
» remis, avec les autres pièces, à l'officier de l'état ci-
» vil, qui en fera mention dans l'acte de mariage, et
» il demeurera annexé aux actes de l'état civil. »

Les règles établies dans notre introduction trouvent
également leur application en *Belgique*. On a vu qu'elles
ont été consacrées par la jurisprudence des cours supérieures de ce royaume.

Le code de *Haïti* (art. 155) n'a reproduit qu'une
partie de l'art. 170 du code français, en omettant les
termes qui rappellent l'accomplissement de la formalité
des publications. On voit que ce code a été rédigé selon
l'esprit de nos observations. — L'art. 156 est la copie de
l'art. 171 du code français. L'art. 157 assure la stricte
observation de l'art. 156 par une amende et par la prescription que l'acte ne pourra produire aucun effet avant
d'avoir été enregistré au bureau de l'état civil.

Pays-Bas. Les art. 158 et 159 du code néerlandais

ministration de la Bavière rhénane (*Handbuch der Verfassung, Gerichtsordnung und gesammten Verwaltung Rheinbayerns*); par M. Siebenpfeiffer, t. III, p. 217.

reproduisent les articles 170 et 171 du code français.

Bade. Aux termes de l'art. 23, le mariage contracté à l'étranger par un Badois muni de la permission du gouvernement est valable, si le Badois n'a point contrevenu aux dispositions des art. 4-13, et si le mariage a été célébré dans les formes prescrites par la loi du lieu. Après son retour, l'époux badois représentera l'acte de célébration au ministre du culte de son domicile. L'étranger marié qui vient se fixer en Bade est soumis à la même obligation.

Le mariage contracté en pays étranger par un Badois, sans autorisation du gouvernement, entraîne la perte des droits de citoyen; mais il ne laisse pas d'être valable (art. 11).

Aux termes du traité conclu entre la Suisse [1] et le grand-duché de Bade, en date de 1808, et des adhésions données en 1821 et 1822, les sujets badois ne sont admis à contracter mariage dans les cantons de Zurich, Berne, Lucerne, Uri, Unterwalden, Glaris, Zug, Fribourg, Soleure, Bâle, Schaffhouse, Appenzell, Saint-Gall, Argovie, Thurgovie, Tessin, Vaud, Genève et les Grisons [2], que sur la production d'une permission de l'autorité du lieu du domicile du futur époux badois : cette permission doit porter en outre que l'individu pourra, quand il lui plaira, revenir avec sa femme et ses enfants audit domicile. De même les citoyens suisses ne sont point admis à se marier en Bade sans une permission semblable délivrée par les autorités du lieu de leur domi-

---

[1] Manuel du droit public de la Suisse (*Handbuch des schweizerischen Staatsrechts*), par M. Snell, t. I, p. 473 et suiv.

[2] Les cantons de Schwitz, du Valais et de Neuchâtel n'ont point adhéré à ce traité.

cile en Suisse. Dans l'un et l'autre cas, la déclaration de
l'autorité attestera en même temps que les publications
requises par la loi du lieu de leur domicile y ont été
faites. Si le mariage n'a pas été célébré dans les deux
mois de la date de la permission, cette permission doit
être renouvelée.

Nous avons parlé plus haut de la circulaire du garde
des sceaux, en date du 4 mars 1831. D'après les renseignements que nous avons été à même de recueillir, une
décision portée par les autorités badoises au préjudice
d'une femme française qui avait épousé un Badois, a
donné occasion à cette circulaire.

En Allemagne, on distingue les citoyens (*Staatsbür-
ger*) des bourgeois d'une commune (*Gemeindeburger*).
Tout citoyen ou sujet du souverain n'est pas de plein
droit bourgeois d'une commune, ou, en d'autres termes,
n'a pas le droit de fixer son domicile dans une commune
à sa convenance, et d'y prendre part aux droits et revenus communaux, ainsi que cela se pratique en France,
aux termes de l'avis du conseil d'État des 20 juin—
22 juillet 1807 [1]. En Bade, par exemple, une loi du
31 décembre 1831, relative aux droits des bourgeois des
communes et à l'acquisition du droit de bourgeoisie,
reproduit les dispositions éparses dans les lois et coutumes antérieures. Aux termes de cette loi, les citoyens
ou sujets du grand-duc se divisent, par rapport aux communes, en deux classes, les bourgeois de la commune
(*Gemeindeburger*) et les simples habitants (*Einsassen*).
Le § 1 de cette loi porte : « Les droits des bourgeois de
la commune sont : 1° le droit d'avoir son domicile dans
la commune et de participer à la jouissance de tous les

---

[1] Répertoire de jurisprudence, v° domicile, § 14.

établissements communaux ;... 4° le droit de participer à la jouissance des biens communaux ;... 8° le droit de réclamer des secours sur les ressources de la commune. » Le titre II de cette loi, intitulé : « De l'acquisition du droit de bourgeoisie, » porte, § 5 : « Toute personne du sexe qui n'est pas fille d'un bourgeois de la commune n'acquiert le droit de bourgeoisie que par le mariage avec un bourgeois ou par la réception de son mari dans la classe des bourgeois. » Le chap. 2 de ce titre, intitulé : « De l'acquisition du droit de bourgeoisie par réception, » déclare, § 24 : « Toute femme étrangère à la commune qui épouse un bourgeois, ainsi que la femme d'un bourgeois qui réclame sa réception, doit justifier de la possession d'une fortune de 150 florins (322 fr. 50 c.). » Les §§ 30 et 31 fixent, selon la population, la somme à payer par les individus de l'un et de l'autre sexe, étrangers à la commune, pour l'acquisition du droit de bourgeoisie. Enfin, le § 39 porte : « On ne saurait refuser la réception à la femme qui épouse un bourgeois de la commune, lorsqu'elle a satisfait aux prescriptions des §§ 24 et 31, et qu'il n'y a aucun reproche d'inconduite à lui adresser. »

Par suite de ces dispositions, et comme les autorités badoises en supposent d'analogues dans les pays étrangers, ces autorités exigent, dans l'intérêt des femmes badoises qui épousent des étrangers et qui les suivent dans leur patrie, la justification qu'elles seront reçues dans la commune dont les maris font partie. On excepte seulement les maris français, parce qu'on n'ignore pas les dispositions de l'avis du conseil d'État cité ci-dessus.

On appelle, en Bade, « simples habitants » les sujets qui ont obtenu de la commune la permission d'y séjourner, ou qui ont été reçus par les communes pure-

ment en vertu des dispositions de la loi : par exemple,
parce qu'ils y sont nés ou qu'ils y ont passé quelque
temps. Les simples habitants peuvent, d'après les
§§ 70 et suiv. de la même loi, exercer dans la commune
une profession, profiter des établissements communaux, et ils ont, en règle genérale, droit à des ressources en cas d'indigence; mais là se bornent leurs
droits.

Dans cet état de la législation, une femme née dans
un des départements formés de l'ancienne Alsace ayant
épousé un individu de la ville de Loerrach, en Bade,
l'administration municipale de cette ville refusa d'admettre cette femme dans la commune. Ce refus était
motivé par la circonstance que la femme dont il s'agissait, n'avait ni la qualité de bourgeoise de la commune
ni celle de simple habitant. Mais les autorités françaises
ont cru voir dans ce refus une prétendue déclaration de
nullité du mariage. Et c'est ainsi que la circulaire du
4 mars 1831 a pris naissance.

Toutefois on ne saurait pas contester que le refus de
recevoir la femme d'origine étrangère équivaut, dans le
fait, à une déclaration de nullité du mariage.

Deux-Siciles. — Bien que le code français ait servi
de modèle à celui publié dans ce royaume en 1819,
celui-ci ne reproduit pas l'art. 170, mais seulement
l'art. 171, qui forme dans le nouveau code le 180e.
Cette reproduction prouve qu'il n'existe pas de défense
de contracter mariage à l'étranger.

Le Code *sarde* ne défend pas aux sujets du roi de contracter mariage à l'étranger [1]. Le second paragraphe de

[1] Mansord, du Droit d'aubaine et des étrangers en Savoie, t. I,
p. 222, § 307.

l'art. 64 de ce code leur suppose même en principe le droit de se marier hors du royaume ; mais ce même article soumet la validité des mariages ainsi contractés à la condition de la célébration suivant les lois de l'Église catholique. Ainsi, le mariage contracté par un sujet sarde en France, devant l'officier de l'état civil seulement, serait nul. En effet, les art. 64 et 108 du Code sarde forment, d'une part, un statut personnel qui suit le sujet en pays étranger ; et, d'autre part, ces mêmes articles, et surtout l'art. 64 qui se trouve au titre qui traite de la forme des actes de l'état civil, établissent une dérogation formelle à la maxime d'après laquelle la forme des actes se règle par la loi du lieu où ils sont passés. On sait que cette maxime n'est pas sans admettre des exceptions [1].

Le mariage d'un sujet sarde peut être valablement contracté devant le curé de son futur conjoint, ainsi que nous avons déjà remarqué. Ce mariage sera encore valable lorsque le propre curé sarde, après avoir fait les publications, aura consenti à la célébration du mariage par le curé qui y a procédé ; car ce dernier serait alors son délégué. Enfin, le mariage serait encore valable si le sujet sarde avait acquis dans le pays étranger un domicile bien antérieur au mariage. La même condition est requise pour la validité du mariage contracté dans le royaume de Sardaigne par deux étrangers : il faut que ceux-ci aient acquis dans ce royaume un domicile longtemps avant la célébration. Il ne suffit pas, dit Mansord [2], d'un domicile récent.

---

[1] *V.* la *Revue*, t. VII, p. 355. — Le tribunal de première instance de la Seine a fait erreur en statuant en sens contraire, par jugement du 29 janvier 1841. (*Gazette des Tribunaux* du 4 février 1841.)

[2] T. I, p. 218, n° 304.

Autriche. Aucune loi ne défend aux sujets autrichiens de contracter mariage en pays étranger, et ces mariages sont valables pourvu que, conformément au § 4 du Code[1], il n'ait pas été contrevenu aux dispositions analysées ci-dessus. Ainsi, il faut que les publications prescrites aient eu lieu en Autriche, ou que le futur époux en ait obtenu des dispenses ; il faut, de plus, qu'il se soit conformé aux prohibitions portées par le Code, ou que ces prohibitions aient été régulièrement levées. En un mot, on peut dire que l'art. 170 du Code français est applicable au sujet autrichien qui se marie à l'étranger.

En ce qui concerne les mariages contractés en Autriche par des étrangers, il résulte du § 34 du Code[2], que le futur époux étranger doit justifier de sa capacité personnelle de se marier[3]. Le § 51 du Code contient une des exceptions énoncées dans la phrase finale du § 34 : il est ainsi conçu : « Lorsque le mineur étranger qui se pro-

---

[1] Voici le texte de cet article : « Les lois civiles sont obligatoires » pour tous les citoyens appartenant au pays pour lequel ces lois » ont été promulguées. Les citoyens demeurent soumis aux lois » civiles pour les affaires et actes conclus hors du territoire de » l'État, en tant que la capacité d'y concourir est modifiée par ces » lois, et en tant que les actes et affaires dont il s'agit sont destinés » à produire des effets légaux dans le territoire de l'empire. »

[2] Ce paragraphe est ainsi conçu : « La capacité personnelle des » etrangers aux actes de la vie civile doit, en général, être jugée » d'après les lois auxquelles l'étranger est soumis, soit comme » étant celles du lieu de son domicile, soit, lorsqu'il n'a point de » domicile, parce qu'il se trouve, par sa naissance, sujet du pays » régi par les mêmes lois ; à moins qu'il n'en ait été ordonné au- » trement par les lois, dans des cas particuliers. »

[3] Ordonnance impériale du 22 décembre 1814. Winiwarter, Manuel, t. 1, p. 118 et suiv. Le même, Exposé, t. 1, § 77.

8

» pose de contracter mariage dans nos États ne pourra
» représenter le consentement nécessaire (du père, du
» tuteur ou de la justice), le tribunal autrichien auquel
» il serait soumis, selon sa qualité et son domicile, lui
» nommera un curateur, qui devra déclarer devant ce tri-
» bunal son consentement au mariage ou son refus. »

La femme autrichienne qui épouse un étranger n'acquiert point, par là même, l'autorisation d'émigrer :
cette autorisation doit être réclamée séparément [1].

Par application du principe consigné au § 34 du Code,
un décret impérial du 30 octobre 1827 [2] a défendu aux
autorités de procéder aux mariages de sujets bavarois
qui ne justifieront pas d'une libération définitive de la
sujétion bavaroise, prononcée et délivrée par les autorités de ce royaume, attendu que la loi bavaroise du
12 juillet 1808 défend, sous peine de nullité, les mariages contractés à l'étranger par les sujets du roi. La
même défense a été portée, par décret du 3 octobre 1836,
relativement aux citoyens du canton des Grisons (Suisse)
où il existe une loi semblable à celle de la Bavière [3].

Hongrie. Les sujets hongrois n'ont pas besoin de l'autorisation de leurs autorités pour se marier dans les autres États autrichiens [4].

Rien ne les empêche non plus de contracter mariage
en pays étranger, selon les formes prescrites par les lois

---

[1] *V.* la même ordonnance et celle du 24 mars 1832. Winiwarter, Manuel, t. I, p. 79 et suiv.

[2] Winiwarter, Manuel, p. 121. Exposé, § 77.

[3] Winiwarter, Manuel, additions à la suite du t. III, p. 11. Exposé, *ibid.*

[4] Winiwarter, Manuel, p 144.

du lieu de la célébration, pourvu qu'ils se soient confor-
més aux dispositions des lois hongroises[1].

Prusse. Les étrangers non naturalisés ne sont admis
à contracter mariage qu'en justifiant par pièces authen-
tiques que les lois de leur patrie n'apportent aucun
empêchement à la conclusion de ce mariage[2]. L'étranger
doit, en outre, faire faire dans sa patrie les publications
prescrites : toutefois, lorsqu'il s'est fixé en Prusse et
qu'il y réside depuis plus d'un an (lors même que son
établissement ne compte pas encore la même durée d'existence), la publication des bans dans sa paroisse, en
Prusse, suffit, comme à l'égard des regnicoles (§§ 143-
145, et les additions).

Le Code général de Prusse ne défend pas aux sujets
du roi de contracter mariage en pays étranger, et ces
mariages sont valables, pourvu que le futur époux prussien n'ait pas contrevenu aux lois du royaume. Dans ce
dernier cas, la nullité du mariage peut être prononcée,
s'il y échet, et les contrevenants sont en outre condam-
nés à une amende de 10 à 300 écus (37 à 1,110 francs
(§ 170).

On ne trouve pas en Prusse cette prescription du droit
de Bade qui a donné occasion à la circulaire ministérielle du 4 mars 1831. Deux rescrits, l'un de la régence
de Mersebourg, en date du 5 février 1838, l'autre du
ministère de l'intérieur, en date du 14 avril même année, ont formellement interdit aux autorités de refuser
la célébration du mariage d'un sujet prussien avec une

---

[1] Kœvy, p. 65, § 115.
[2] *V.* la *Revue étrangère*, t. VII, p. 159.

étrangère, sous le prétexte de l'indigence de cette der
nière [1].

Bavière. La loi ne défend pas aux ministres des cultes
la célébration des *mariages d'étrangers* qui se trouvent
en Bavière ; et comme le Code bavarois, part. I, chap. 2,
§ 17, renvoie, *in causis mere personalibus*, aux statuts
du domicile [2], la capacité du futur époux étranger doit
être jugée d'après les lois de sa patrie.

Il est défendu aux sujets bavarois de contracter *ma
riage en pays étranger.* Les §§ 16 et 17 de l'ordonnance
royale du 12 juillet 1808 [3] sont formels à cet égard. En
voici le texte :

§ 16. « La présente ordonnance ayant favorisé autant
» que possible toutes les unions matrimoniales contrac-
» tées dans le royaume, il est sévèrement défendu aux
» sujets de contracter mariage à l'étranger. Tous les ma-
» riages contractés hors du royaume seront considérés
» comme nuls. »

§ 17. « Tout individu qui, nonobstant cette prohibi-
» tion, contractera mariage en pays étranger, sera puni,
» à son retour sur le territoire du royaume, outre les
» effets de la nullité de son mariage, d'un emprisonne-
» ment d'un mois, dont il sera tenu de payer les frais,
» ou d'en compenser la valeur par son travail. »

D'après les renseignements qui nous ont été communi-
qués par des jurisconsultes bavarois, l'ordonnance du 18
juin 1808 est exécutoire non-seulement dans celles des provinces du royaume qui en faisaient partie à la date de cette

---

[1] M. de Kamptz, Annales, t. XXII, p. 273. Weiske, Dictionnaire
de droit (*Rechtslexicon*), t. III, p. 541, à la note.

[2] *V.* la *Revue*, t. VII, p. 213.

[3] *Novelles*, p. 65.

loi, mais aussi dans toutes les provinces qui y ont été incor-
porées depuis, à la seule exception de la Bavière rhénane.

Aux termes d'une ordonnance du 6 août 1815 [1], les
autorités administratives sont autorisées à accorder la
ratification des mariages contractés à l'étranger contrai-
rement à ladite prohibition. Du reste, il n'est pas dou-
teux que cette prohibition ne puisse être levée par des
dispenses.

L'éditeur de la collection de lois et ordonnances inti-
tulée *Novelles* [2] fait remarquer que le Code pénal de Bavière de 1813 n'ayant pas classé parmi les crimes ou
délits le fait des nationaux d'avoir contracté mariage
sans autorisation des autorités, on ne saurait plus infli-
ger la peine d'emprisonnement portée contre cette contravention par les lois antérieures. Le même argument
s'applique à l'emprisonnement prononcé par le § 17 de
l'ordonnance du 12 juillet 1808.

D'un autre côté, la législation de la Bavière offre au
fisc un moyen d'exercer une espèce de confiscation des
biens au préjudice des sujets qui ont contracté mariage
à l'étranger. Les ordonnances royales des 17 juin et
9 juillet 1803 défendent aux sujets du roi d'émigrer du
royaume sans autorisation préalable [3]. A la vérité, le

---

[1] *Novelles*, p. 66, à la note.

[2] *Ibid.*, p. 62, à la note.

[3] On trouve le tableau des différentes dispositions législatives en
matière d'émigration : 1° dans le Répertoire de la collection des lois
générales, publiée par Kreitmayr et de Mayr (*Repertorium über die
Kreitmayrsche und v. Mayrsche Generalien Sammlung*), p. 36, 37
et 38, nos 1 à 14; 2° dans la table du Bulletin des lois depuis 1799
(*Register über die in den Regierungs und Gesetzblaettern vom Jahr
1799 einschliesslich.... enthaltenen Verordnungen*), p. 81, 82 et 83,
nos 1 à 35.

§ 14 du titre IV de la constitution du 26 mai 1818 autorise tout Bavarois à s'établir dans l'un des États qui composent la Confédération germanique, et dès lors les dispositions des ordonnances de 1803 ne subsistent plus qu'à l'égard des pays qui sont en dehors de la Confédération. On regarde comme émigrés sans autorisation tous ceux qui, aux termes du § 6 de l'édit royal sur l'*indigénat* (le droit de cité), annexé à la constitution, ont perdu ce droit en Bavière, c'est-à-dire : 1° les Bavarois qui ont acquis le droit de cité (la naturalisation) à l'étranger sans autorisation du roi ; 2° ceux qui, de fait, ont émigré de la Bavière ; 3ª la femme bavaroise qui épouse un étranger. L'ordonnance royale du 29 août 1808, relative à la confiscation [1], punit de la privation de la jouissance de leurs biens les sujets émigrés sans autorisation : pendant toute leur vie, les biens à eux appartenants seront régis par le fisc ; après le décès de l'émigré, sa succession sera délivrée à ses héritiers légitimes, sans aucune déduction ou détraction, mais aussi sans intérêts ou fruits, et conformément aux principes de réciprocité observés ou aux traités stipulés entre la Bavière et l'État dans lequel l'émigré s'est fixé et est décédé. Cette ordonnance a été confirmée par rescrit royal, en date du 17 janvier 1818, aux termes duquel la fortune de l'émigré, lorsqu'elle consiste en argent comptant, sera déposée à la caisse d'amortissement, et les intérêts en sont attribués aux pauvres de la localité. La constitution du 26 mai 1818, tit. VIII, § 6, n'ayant aboli que la confiscation (de la propriété) des biens, l'ordonnance du 29 août 1808 est restée en vi-

---

[1] De Spies, Supplément au Code pénal (*Sammlung aller Ergaenzungen und Erlacuterungen zum Strafgesetzbuche*), 2ᵉ éd., p. 5.

gueur, et nous l'avons vu appliquer à une femme née
en Bavière qui s'était mariée en France avec un Français sans autorisation préalable du roi [1].

Les dispositions des §§ 16 et 17 de l'ordonnance du
12 juillet 1808 ont été portées à la connaissance des autorités autrichiennes par le décret de la chancellerie
aulique du 30 octobre 1827 [2], que nous avons cité v° Autriche. Une publication analogue a eu lieu en Prusse dès
le 27 novembre 1821 [3].

Wurtemberg. La loi du 4 septembre 1808, qui est
encore en vigueur, déclare nuls les mariages contractés
à l'étranger par des sujets du roi sans autorisation ou
dispense du gouvernement [4]. Du reste, la loi relative
aux droits des bourgeois des communes, en date du
15 avril 1828, contient des dispositions analogues à
celles de la loi de Bade du 31 décembre 1831, dont nous
avons parlé au mot *Bade.*

Saxe. La seule circonstance que le mariage d'un sujet
du roi a été contracté à l'étranger n'en entraîne pas la
nullité; mais ce mariage peut être déclaré nul dans tous
les cas où les lois saxonnes en prononcent la nullité. Le
sujet du roi qui a contracté mariage à l'étranger dans
le but d'éluder des prohibitions portées par les lois de
sa patrie, est puni de quinze jours de prison [5].

Hanovre. Aucune disposition législative ne défend

---

[1] Arrêté de la municipalité (*magistrat*) de la ville de Würzbourg, du 24 septembre 1840, affaire de Philippine Frach.

[2] Winiwarter, Manuel, p. 121.

[3] De Broecker, Annuaire pour les jurisconsultes russes (*Jahrbuch für Rechtsgelehrte in Russland*), t. 1. Riga, 1822, p. 340.

[4] Lois civiles des Wurtembergeois, part. I, § 31, p. 10. Weishaar, t. I, §§ 35 et 135, à la fin.

[5] Curtius, S 108.

aux sujets de se marier à l'étranger, et les mariages ainsi contractés sans autorisation préalable du gouvernement ne peuvent être argués de nullité. Cependant les prescriptions générales qui exigent la permission préalable des autorités locales [1] ne laissent pas d'être applicables au cas d'un mariage contracté en pays étranger, et, à défaut de cette permission, la commune du domicile de l'époux regnicole peut refuser de recevoir l'époux étranger. Dans les villes, les municipalités (*magistrats*) statuent souverainement sur cette question; à la campagne, les autorités supérieures peuvent examiner les causes du refus, et, s'il y a lieu, les déclarer insuffisantes. — Un étranger n'est admis à contracter mariage qu'en justifiant, par une attestation des autorités du lieu de son domicile, que rien ne s'oppose à son retour et à la réception de sa femme dans le même domicile [2].

Électorat de Hesse. Une ordonnance du 24 mars 1721 punit de la détention dans une maison de correction les sujets qui contracteront mariage en pays étranger dans l'intention d'éluder les prohibitions de la loi du pays; aujourd'hui on ne prononce plus qu'une amende qui peut s'élever à 20 écus (74 fr.). — Le mariage contracté à l'étranger est regardé comme valable lorsqu'il n'a pas été contrevenu à un empêchement dirimant, et que les formes usitées au lieu de la célébration ont été observées [3]. Par exception, une ordonnance du 27 décembre 1750 prononce la nullité des mariages contractés à l'étran-

---

[1] V. *suprà*, § 7, v° *Hanovre.*

[2] Notices communiquées par M. Ebbardt, avocat à Hanovre, éditeur de la collection des lois de ce royaume. Voir cette collection, t. VII, p. 1258 et suiv., et p. 1266 et suiv.

[3] *Decisiones casselanæ*, édit. de Cassel, 1821, in-fol., t. III, décis. 10, n°s 11 et 12.

ger par des militaires de tout grade ; cependant cette disposition est tombée en désuétude, parce que les lois postérieures (ordonnance du 1er avril 1796 et articles de guerre du 30 novembre 1818), sans la reproduire, ont puni le même fait de peines différentes, savoir : contre les officiers, de la démission forcée, et contre les sous-officiers et soldats, des arrêts pour trois mois [1].

Aux termes d'une circulaire ministérielle du 20 novembre 1825, en cas de mariage contracté à l'étranger par un regnicole domicilié, sans attestation préalable de son aptitude d'exercer une profession, délivrée par l'autorité du lieu de son domicile, ou par un employé du gouvernement sans permission préalable de ses chefs, la femme étrangère et ses enfants issus du mariage n'ont pas le droit de s'établir dans l'électorat de Hesse. Toutefois, lesdites attestation et permission peuvent aussi être obtenues postérieurement au mariage [2].

Les publications et la célébration des mariages d'étrangers avec des Hessoises ne peuvent avoir lieu que sur la représentation d'une attestation délivrée par les autorités compétentes de la patrie du futur époux, constatant que ce dernier sera en tout temps reçu à se fixer avec sa famille dans sadite patrie [3].

Hesse (Grand-Duché). Il est défendu aux curés ou pasteurs, sous peine de 100 florins (213 fr.) d'amende, de donner la bénédiction à un mariage entre nationaux et étrangers, avant que les futurs époux n'aient justifié,

---

1 Ledderhose, à l'endroit cité, § 21.

2 Notices communiquées par notre collaborateur M. Bickell, ancien professeur de droit canonique à Marbourg, aujourd'hui conseiller à la cour suprême de justice à Cassel.

3 Notices communiquées par M. Bickell.

par des attestations de leurs autorités, qu'il n'existe aucun empêchement au mariage, et qu'il a été satisfait aux prescriptions légales préliminaires au mariage. Le bourgeois d'une commune qui se propose d'épouser une personne étrangère à la commune est tenu de justifier, si cette personne est sujet hessois, qu'elle apporte une fortune d'au moins 125 florins (269 fr. 25 c.), et, si elle est étrangère, que l'apport est au moins de 200 florins (426 fr.)[1]. L'étranger qui se propose de se fixer dans le grand-duché doit, en se mariant, justifier de l'acquisition préalable du droit de citoyen et de bourgeois d'une commune[2].

Dans le *duché de Nassau*, la jurisprudence a toujours regardé comme valables les mariages contractés à l'étranger par des sujets chrétiens; on tient même en principe que lorsque le mari regnicole est *bourgeois* d'une commune déterminée, et qu'il n'a point perdu cette qualité, la commune est tenue de recevoir la femme avec laquelle il s'est marié à l'étranger[3]. Mais l'édit du 29-30 mars 1811[4] prononce la nullité des mariages contractés à l'étranger par des juifs sans permission préalable du gouvernement.

Angleterre. Le mariage contracté par des Anglais en pays étranger, d'après les formes usitées dans ces derniers pays, est regardé comme valable par les jurisconsultes anglais[5].

---

[1] M. Bopp, p. 116 et 57. M. Rühl, p. 49 et 50.
[2] M. Rühl, p. 35.
Notices communiquées par M. Heeser, avocat à la cour suprême de justice, le 18 août 1841.
[4] Recueil des ordonnances, t. I, p. 156.
[5] Logan, p. 16. *V.* la *Revue*, t. IV, p. 10. La *Gazette des Tribu-*

Rien , dans la législation anglaise, n'empêche les ministres du culte de procéder à la célébration du mariage d'étrangers qui se présentent devant eux, pourvu que les futurs époux remplissent les conditions prescrites par les lois anglaises. La courte durée d'un domicile antérieur au mariage que requiert la loi anglaise facilite même extrêmement les mariages des étrangers.

Danemark et *Norwége*, *Schleswig* et *Holstein.* La loi ne défend pas aux sujets de contracter mariage en pays étranger, pourvu qu'ils ne contreviennent pas aux prohibitions exposées au § 6. En cas de contravention à ces prohibitions , les sujets danois seront, à leur retour, punis d'amende et expulsés du royaume (art. 9 , § dernier). Toutefois le mariage est valable, à moins qu'il n'ait été contracté en pays étranger par un sujet dans le but d'éluder une prohibition établie dans sa patrie.

Il est loisible à tout sujet danois ou citoyen du Schleswig ou du Holstein d'amener dans sa patrie sa femme étrangère. Si le mari a acquis le droit de domicile dans une commune (*Heimathsrecht*), la veuve d'origine étrangère a droit à des secours dans la même commune. Ce droit de domicile (*Heimathsrecht*) s'acquiert au profit du sujet, en Danemark, par la résidence pendant trois ans, et, dans les duchés, suivant une loi de 1829, par la résidence dans la même commune pendant quinze ans [1].

Suède. La loi permet aux sujets de contracter mariage en pays étranger : c'est ce qui résulte des art. 2 et 3 du chap. 8 , qui autorisent à stipuler à l'étranger des con-

---

naux du 28 février 1838 rapporte un arrêt de la cour de la chancellerie qui a jugé en ce sens.

[1] Communication de M. Paulsen , du 26 juillet 1841.

ventions matrimoniales relatives aux biens que les parties possèdent dans le royaume. Ces conventions seront transcrites en Suède, de l'ordre d'un tribunal, dans un an et jour de leur date, si les époux continuent d'habiter l'étranger; dans un mois à dater du retour sur le territoire des époux nés en Suède; dans les premiers six mois de leur résidence dans le royaume, s'ils sont nés à l'étranger : le tout à peine de nullité des conventions (*ibid.*).

Russie. Il n'est pas défendu aux Russes de contracter mariage à l'étranger. (Règlement du commerce, XI. 1525. Lois personnelles, IX. 958-961 [1].) On trouve un exemple de mariages contractés à l'étranger par des Russes dans l'art. 53 du Code civil, ainsi conçu : « Les » agents diplomatiques qui voudraient contracter ma- » riage avec une étrangère sont tenus, indépendamment » de la permission de l'autorité supérieure : 1° de faire » une déclaration indiquant la dot et les droits éventuels » à une succession à l'étranger; 2° de représenter l'en- » gagement que prend la future d'aliéner les immeubles » qu'elle possède ou pourrait posséder à l'étranger, faute » de quoi l'agent diplomatique est obligé de quitter » cette carrière. »

La loi ne défend pas aux étrangers de contracter mariage en Russie, car elle n'établit aucune distinction à cet égard; elle suppose même des mariages semblables. Ainsi, l'addition à l'art. 1er porte : « Le mariage d'un » étranger professant la religion orthodoxe avec une » femme sujet russe professant la même religion est » réglé par la loi commune; mais si le mari n'est ni su- » jet russe, ni au service de Russie, les effets de ce ma-

---

[1] *V.* la *Revue étrangère*, t. III, p. 262, n° 19.

» riage, quant à la personne et aux biens de la femme,
» sont réglés par les art. 7 et 891 des lois sur les condi-
» tions. » Aux termes de ces dispositions, la femme perd
sa qualité de sujet russe : elle suit la condition et le domicile du mari ; elle est tenue d'aliéner ses immeubles
dans le délai de six mois, et de payer sur les capitaux
exportés un dixième à titre de droit de détraction ; s'il y
a des enfants issus d'un premier mariage avec un sujet
russe, elle a la faculté de les *apportionner*. (*V.* les articles 594 et suiv. du Code civil [1].)

§ 9. Des effets du mariage sur la religion des enfants, lorsque les époux appartiennent à des cultes différents.

Dans les États régis par le Code civil français, la
question de savoir dans quelle religion seront élevés les
enfants issus de mariages mixtes ne peut se présenter
devant les tribunaux ; car la loi civile ne s'occupe point
du culte religieux des père et mère.

Dans les États où le droit canonique a force de loi en
matière de mariage, le clergé catholique refuse de donner la bénédiction nuptiale aux mariages mixtes, à moins
d'un engagement préalable pris par les futurs époux
d'élever les enfants dans la religion catholique [2]. Tel est
le cas dans les *Deux-Siciles*, dans le royaume de *Sardaigne*, en *Espagne* et en *Portugal*. Dans ces pays, les
futurs époux dont l'un n'est pas catholique, et à qui il
répugnerait de prendre l'engagement dont nous venons
de parler, n'auraient d'autre moyen, pour arriver à une
union légitime, que d'employer le mode déjà indiqué

---

[1] *V.* la *Revue étrangère*, t. III, p. 263, n° 34 ; p. 765, n°ˢ 46 et 47.
[2] M. Walter, § 318.

plus haut [1], c'est-à-dire de se borner à faire, en présence du curé ordinaire et de deux témoins, la déclaration de se prendre pour mari et femme, sans réclamer la bénédiction nuptiale.

Ce dernier mode de procéder pourrait aussi être employé dans les pays où, comme en *France*, la loi civile ne s'occupe pas de la religion des époux, par la partie catholique qui désirerait conserver ses rapports de culte, lorsque son futur conjoint refuserait de prendre l'engagement relatif à la religion des enfants.

Dans le grand-duché de *Bade*, une ordonnance du 8 juin 1826 autorise les futurs époux à stipuler, avant le mariage, que les enfants seront tous élevés dans la religion du père ou dans celle de la mère, ou que les fils suivront la religion du père, et les filles celle de la mère : à défaut de stipulations valables, tous les enfants seront élevés dans la religion du père [2].

En *Autriche*, lorsque le mari est catholique, tous les enfants, sans distinction de sexe, sont élevés dans la même religion ; si la mère est catholique et que le père ne le soit pas, les fils suivent la religion du père, et les filles celle de la mère [3]. — L'enfant naturel né d'une fille catholique est élevé dans cette religion, excepté lorsque le père non catholique le reconnaît au moment du baptême; plus tard, le père n'est plus recevable à former une réclamation à cette fin [4].

---

[1] *V.* au § 7, v° *Sardaigne*, et la bulle du pape en date du 22 mai 1841, rendue pour les provinces autrichiennes faisant partie de la confédération germanique.

[2] Bulletin des lois du 17 juin 1826.

[3] Lettres-patentes (*Toleranz Patent*) du 13 octobre 1781, § 6. Winiwarter, Exposé, § 161; le même, Manuel, t. 1, p. 178.

[4] Winiwarter, *ibid.*

En *Hongrie*, jusqu'en 1839, lorsque le mari était catholique, tous les enfants devaient être élevés dans sa religion; s'il professait un autre culte, les fils seuls le suivaient. Depuis 1840, les enfants légitimes suivent toujours la religion du père. De même, les enfants naturels sont élevés dans la religion du père [1].

En *Prusse*, une déclaration du roi, en date du 21 novembre 1803, prescrit d'élever tous les enfants dans la religion du père, en déclarant sans effet toutes stipulations contraires. Cependant, il est loisible aux époux de s'entendre à l'effet d'élever leurs enfants dans une autre religion, et personne n'a le droit de les en empêcher [2]. Cette déclaration a été rendue commune à la Prusse rhénane par ordonnance royale du 17 août 1825 [3].

Bavière. Aux termes de l'édit constitutionnel relatif à la religion, en date du 19 mai 1818, § 12 et suiv., il est loisible aux futurs époux professant des cultes différents de fixer par convention matrimoniale la religion dans laquelle les enfants seront élevés : à défaut de convention, les fils suivront la religion du père, les filles celle de la mère. La même règle s'applique à l'enfant naturel reconnu par le père. Dans le cas contraire, il suivra la religion de la mère [4].

Wurtemberg. Les époux sont libres de convenir de la religion dans laquelle les enfants seront élevés; à défaut de convention, tous les enfants suivront la religion du père. Dans tous les cas, les enfants pourront choisir

---

[1] Kœvy, p. 67. *Revue étrangère*, t. VII, p. 318.
[2] Bulletin des lois, 1825, p. 222.
[3] *Ibid.*
[4] M. Siebenpfeiffer, vol. II, p. 376.

eux-mêmes leur religion, aussitôt qu'ils seront parvenus à l'âge de discernement [1].

Dans le *royaume de Saxe*, les enfants nés de mariages
mixtes sont élevés dans la religion du père : toutefois,
il est permis de déroger à cette règle par des conventions consenties par les époux en personne, avant ou
durant le mariage, devant le juge ordinaire, mais hors
la présence d'un ministre du culte. L'enfant naturel est
élevé dans la religion de la mère, à moins que le père
ne se charge de son éducation, du consentement de la
mère, ou, après la mort de celle-ci, de l'aïeul ou de
l'aïeule maternelle, du tuteur ou de la justice [2].

Aux termes de la loi du *grand-duché de Saxe-Wei-
mar*, du 7 octobre 1821, § 51 et suiv., les enfants issus
de mariages mixtes sont tous élevés dans la religion de
celui des époux qui justifiera que ses ascendants ont
professé la même religion, qui est encore la sienne, pendant un espace de temps plus long que les ascendants
de l'autre époux n'ont professé celle de ce dernier. A défaut de cette justification, tous les enfants seront élevés
dans la religion du père. Sont nulles toutes conventions
tendant à déroger à ces dispositions. Les enfants naturels suivent la religion de la mère : en cas de légitima-
tion par mariage subséquent, les enfants nés depuis ce
mariage sont élevés dans la même religion que professe
l'enfant légitimé [3].

La loi du *duché de Saxe-Gotha* sur le mariage, en

---

[1] Loi du 15 octobre 1806, § 6. M. de Weishaar, t. I, § 91.
[2] Loi du 1er novembre 1836, § 6 et suiv. Curtius, t. I, § 88,
note a. Additions, t. IV, p. 488. M. Schaffrath, *Codex juris Saxo-
nici privati*, p. 428 et 429.
[3] M. de Kamptz, *Annales*, etc., t. LI, p. 57 et 59.

date du 15 août 1834, veut, § 18, qu'en cas de désaccord entre les époux sur la religion dans laquelle les enfants seront élevés, les fils le soient dans la religion du père, et les filles dans celle de la mère [1].

La loi du royaume de *Hanovre*, du 31 juillet 1826, interdit toute stipulation à ce sujet ; la volonté seule du père est décisive. Les enfants naturels non reconnus suivent la religion de la mère [2].

Dans l'*électorat de Hesse*, les fils sont baptisés et élevés dans la religion du père, les filles dans celle de la mère. Cette dernière disposition est également applicable aux enfants naturels non reconnus par le père, ou dont celui-ci n'a pas été déclaré tel par jugement. Les enfants ayant atteint l'âge de 18 ans pourront choisir tel culte chrétien qu'ils jugeront à propos [3]. Les futurs époux ne peuvent, par des stipulations, déroger aux dispositions ci-dessus [4].

Aux termes d'une loi du *grand-duché de Hesse*, du 27 février 1826, tous les enfants, sans distinction de sexe, sont élevés dans la religion du père, à moins de stipulations contraires contenues dans les conventions anténuptiales [5].

Dans le *duché de Nassau*, une ordonnance des 22 et 26 mars 1808 prescrit également d'élever dans la religion du père tous les enfants légitimes des deux sexes ; il ne pourra être dérogé à cette disposition par des con-

---

[1] M. de Kamptz, *Annales*, etc., t. LI, p. 76.

[2] *Ibid.*, p. 25. Collection de M. Ebhardt, t. I, p. 80.

[3] Circulaire du ministre de l'Intérieur, du 18 août 1823, §§ 1 et 2. M. de Kamptz, *ibid.*, p. 62.

[4] Circulaire du même ministre, du 20 octobre 1838.

[5] M. de Kamptz, *Annales*, etc., t. LI, p. 64.

ventions antérieures ou postérieures au mariage. Après
l'âge de 14 ans accomplis, les enfants sont libres de
choisir une autre religion que celle dans laquelle ils ont
été élevés. Les enfants naturels sont élevés dans la religion de la mère, que le père soit connu ou non [1].

En *Russie*, lorsque l'un des futurs époux appartient
à la religion gréco-russe, celui qui professe un autre
culte doit signer l'engagement ..... de faire baptiser
les enfants issus de cette union dans la religion gréco-
russe (art. 54).

En ce qui concerne les mariages entre personnes professant divers cultes, mais dont aucune n'appartient à la
religion gréco-russe, la loi du $\frac{16}{28}$ mars 1836, relative aux
mariages contractés dans le royaume de Pologne, porte,
art. 195, que les époux sont libres de convenir, avant
le mariage, de la religion dans laquelle les enfants seront élevés : à défaut de convention, les fils suivront la
religion du père, les filles celle de la mère [2].

ADDITIONS

Page 11, *ligne* 4 de la note, *ajoutez :* Arrêts de la cour de cassation
du 17 et 20 août 1841; *Gazette des Tribunaux* du
18 août et 3 septembre 1841.

Page 15, *ligne* 2 de la note 2, après 1839, *ajoutez* Et 17 et
20 août 1841.

Ibid., *ligne* 6, dans la parenthèse, *ajoutez :* 18 et 21 août et 3 septembre 1841; Sirey, 1841, I, 681.

---

[1] M. de Kamptz, *Annales*, etc., t. LI, p. 80.
[2] *Ibid.*, p. 109 et 120.

PARIS.—IMPRIMERIE DE FAIN ET THUNOT
IMPRIMEURS DE L'UNIVERSITÉ ROYALE DE FRANCE,
Rue Racine, 28, près de l'Odéon

TABLE DES MATIÈRES.